Staats- und sozialwissenschaftliche Forschungen

herausgegeben

von

Gustav Schmoller und **Max Sering.**

Heft 183.

Dr. Karl H o y e r, Das Müller- und Bäckergewerbe
in Bremen.

München und **Leipzig,**

Verlag von Duncker & Humblot.

1915.

Das Müller- und Bäckergewerbe in Bremen.

Von

Dr. Karl Hoyer.

München und Leipzig,
Verlag von Duncker & Humblot.
1915.

Altenburg
Pierersche Hofbuchdruckerei
Stephan Geibel & Co.

Inhaltsverzeichnis.

Das Müllergewerbe
in Bremen.

Erster Abschnitt.
Die Bremer Mühlen im allgemeinen.

Erstes Kapitel.
Die Mahlgelegenheit.

Über die Bremer Mühlen sind uns aus dem Mittelalter nur wenige Nachrichten erhalten[1]; eine genauere Kenntnis haben wir erst von den Verhältnissen im 16. Jahrhundert. Der Mahlbetrieb scheint bis dahin ausschließlich von den Wassermühlen geleistet zu sein. Diese lagen unter den Jochen der Weserbrücke, da die Müller so die Strömung am besten ausnutzen konnten[2]. Damit war zugleich eine zahlenmäßige Beschränkung der Wassermühlen gegeben[3]. Ferner war ihre Leistungsfähigkeit dadurch begrenzt, daß sie nur einen Teil des Jahres in Betrieb sein konnten und bei der nicht großen Strömung nur langsam mahlten. Als die Bevölkerung Bremens wuchs, ward die Ergänzung durch eine andere Mahlgelegenheit Bedürfnis[4]. Man lernte den Wind als treibende Kraft benutzen. Es war sicher kein Zufall, daß die ersten Bremer Windmühlen, von denen wir Kunde haben, der Kaufmannschaft gehörten. Der einzelne scheute noch vor dem kostspieligen Bau zurück. Wann die ersten Windmühlen errichtet wurden, wissen wir nicht; man wird wohl die beiden im 16. Jahrhundert erwähnten Kaufmannsmühlen als die ersten ansehen dürfen. Um auch bei Windstille mahlen zu können, schritt man später dazu, aushilfsweise Pferde zum Antrieb zu verwenden, ein Brauch, der aber die Möglichkeit in sich schloß, daß die Müller das Getreide abholten und das Mehl ihren Kunden wieder zustellten. Diese Verwendung war nicht statthaft, da sie einem Teil der Gewerbegenossen Sondervorteile

---

[1] Erste Erwähnung 1250, Br. Ub. 1, auch S. 10 u. III a.

[2] Von einer Anlage an anderen Stellen ist nirgends die Rede, vielmehr wird stets darauf hingewiesen, daß nur auf diese Art so viele Mühlen betrieben werden können. Über eine Wassermühle im Landgebiet vgl. Kap. 15.

[3] Alles Nähere findet sich unter den besonderen Abschnitten.

[4] Im Mittelalter half man sich wohl zumeist mit Handmühlen, wenn der Mehlvorrat nicht mehr reichte. Später waren sie verboten. 1817 S. 10 u. I i 16.

verschaffen konnte[1]. Als neue Antriebskraft kam endlich im
19. Jahrhundert der Dampf hinzu. Die Einführung dieser Art
von Mahlbetrieb fällt in Bremen zeitlich etwa mit dem Eingehen der Wassermühlen zusammen[2].

Wesentliche Unterschiede bestehen bei den Mühlen in
bezug auf das von ihnen verarbeitete Produkt. Es gab solche
für Getreide und Malz und solche für Grütze[3] und Schelde-
gerste[4]; eine dritte Gruppe endlich sind die Walk- und Loh-
mühlen. Hier soll es sich wesentlich um die erstgenannten
Betriebe handeln. Die meisten Mühlen waren zum Mahlen
von Roggen und Malz eingerichtet; Weizengänge hatten nur
wenige. Eine genaue Übersicht über die zu bestimmten Zeiten
in Bremen vorhandenen Weizen- und Roggengänge läßt sich
nach dem vorliegenden Material nicht geben[5]. Die Haupt-
interessenten dieser Mühlen waren die Brauer und die Bäcker.
Letztere betrieben im 18. Jahrhundert eine eigene Mühle[6].
Damals hatten sich jedoch diese beiden Gewerbe schon daran
gewöhnt, auswärts mahlen zu lassen, wofür sie die Langsamkeit des Mahlens bei den Wassermüllern, mit deren Mehl
man allerdings zufrieden war, und die Unfähigkeit und Unehrlichkeit der Windmüller mit Recht als Entschuldigung an-
führen konnte.

Damit zeigt sich der Betrachtung ein dritter wichtiger
Unterscheidungspunkt: die Lage der Mühlen. Im Bremer
Landgebiet siedelten sich im Laufe der Zeit eine Anzahl von
Mühlen an, die, ursprünglich für das Mahlbedürfnis der um-
wohnenden Landleute bestimmt, bald den städtischen Mühlen
empfindliche Konkurrenz machten. Diese sowie die Nachbar-
mühlen des außerbremischen Gebietes, auf denen man auf
alle Art den Bremer Mahlgästen entgegenkam, konnten viel
billiger arbeiten, da sie nicht die hohen städtischen Abgaben
zu tragen hatten. Dazu kam, daß die Bedienung schneller
und das Mahlprodukt besser war. Ein Verbot des Mahlen-
lassens auf außerbremischen Mühlen bestand nicht, wiewohl
es oft gefordert wurde[7]. Die einzige vorteilhafte Erlaubnis,
die die städtischen Müller in dieser Hinsicht erreichten, war

---

[1] 1664, S. 10 u. I i 1. 1743—1801 (nur) Roßmühle vor dem Herdentor,
S. 10 u. I b 2.

[2] Um 1840. Bis zu diesem Zeitpunkte ist die Arbeit geführt.

[3] Die Grützmühlen verdrängten den Handbetrieb der Grützmacher,
1664 Grützmühle mit Pferdeantrieb, 1701 Grützmachen: Erwerb armer
Leute, S, 10 u. I i 1.

[4] Das Streben der Grütz- und Scheldegerstemühlen ging dahin,
einen Roggengang zu erhalten; es wurde wohl oft heimlich Roggen
und Malz gemahlen.

[5] S. 10 u. III h 3. 1763 waren von 11 Wassermühlen 2, 1776 3 mit
einem Weizengang versehen; 1776 auch 2 Windmühlen. Weitere Notizen
bei den einzelnen Mühlen.

[6] Die Schulortmühle, s. u. besonders Kap. 14.

[7] S. 10 u. I b 2. Noch 1801 und 1826.

die, daß die bremischen Landleute konsumtionsfrei bei ihnen
mahlen lassen durften. Damit war aber nicht viel gewonnen[1].
Verhängnisvoll war es, daß die Konkurrenz der Landmühlen
sich gerade damals mit besonderer Schärfe geltend machte,
als das Müllergewerbe in Bremen bereits im Niedergange begriffen war[2].

<h2 style="text-align:center">Zweites Kapitel.</h2>

Das Mahlgeld.

Für die Müller war die Höhe der Vergütung, die sie für
ihre Tätigkeit beanspruchen konnten, in einer Taxe festgelegt.
Ursprünglich wurde alles Korn gemattet, d. h. der Müller
bekam einen bestimmten Teil des Korns, das zur Mühle gebracht wurde, als Mahllohn. Um 1500 war diese Art der Bezahlung noch allgemein in Anwendung. Die Windmühlen vor
den Toren und im Landgebiet behielten die Gewohnheit bei,
während die städtischen Mühlen im 17. Jahrhundert den
Mahllohn in Geld fixiert hatten[3]. Es herrschte bei ihnen
natürlicherweise das Bestreben, eine Erhöhung der obrigkeit-
lich fixierten Mahltaxe durchzusetzen; dafür war der Senat
aber meist nicht zu haben. Ein derartiger Antrag der Müller
pflegte sofort Brauer, Branntweinbrenner und Bäcker mit
einer Menge von Klageschriften auf den Plan zu rufen. Diese
Kritik war insofern bei den Müllern gefürchtet, als die Zustände auf den meisten Mühlen durchaus nicht einwandfrei
waren. Die Müller konnten noch froh sein, wenn sie keine
schärferen Kontrollbestimmungen zur Folge hatte. Von einer
Erhöhung des Mahlgeldes war meist nicht die Rede.

So suchte und fand man allmählich einen bequemen Ausweg in stillschweigenden Vereinbarungen, die Wind- und
Wassermüller miteinander ohne obrigkeitliche Genehmigung
abschlossen. Zuerst hören wir 1642 von einer solchen. Man
stellte gemeinsam eine neue Mahltaxe auf, die, wie die Müller
behaupteten, keine Erhöhung bedeuten sollte, sondern nur der
Veränderung in Maß und Gewicht Rechnung trug. Auch
wurde bestimmt, daß kein Müller für einen Kunden mahlen
sollte, der seinen früheren Müller noch nicht bezahlt habe.
Diese Bestimmung war einem Artikel der Kundigen Rolle
von 1489 nachgebildet, der dasselbe für die Brauer in bezug
auf die Krüger vorschrieb[4]. Gegen die Beliebung der Müller
wandten sich Mehlhöker und Brauer. Der Senat holte nun

---

[1] Q. 2 B. 3 c, 1793. Vgl. Kap. 15 Anm. 1 S. 31.
[2] Eine parallele Erscheinung findet sich im Brauereigewerbe, vgl.
meinen Aufsatz in den Hans. Geschbl. 1912. S, 193 ff.
[3] S. 10 u. 1 b, 1643. Sogenannte älteste Rolle der Wassermüller, angeblich von 1500. Vgl. auch die Mühle von Oslebshausen, Kap. 15.
[4] Vgl. die zit. Arbeit aus den Hans. Geschbl. S. 217.

ein Gutachten von der Universität Marburg ein. Dieses fiel
sehr scharf aus; es sprach sich für die sofortige Aufhebung
der Vereinbarung als eines verbotenen Monopols aus, der Anstifter sei zu verbannen und seine Güter einzuziehen. Davon
wollte der Senat nichts wissen. Nachdem neue Streitschriften
der Parteien eingegangen waren, verfügte er die Beibehaltung
des früheren Mahlgeldes[1]. Im 18. Jahrhundert werden noch
dreimal eigenmächtige Vereinbarungen der Müller kassiert[2].
Die Forderung nach höherem Mahllohn kann nicht als schlechthin unberechtigt bezeichnet werden; der Wert des Geldes
sank, und die Betriebsunkosten stiegen bedeutend[3]. Die Erhöhung der Mahltaxe hielt kaum Schritt damit. Immerhin
war die Steigerung des Mahllohns erheblich. Die Vergütung
für das Mahlen von Korn betrug 1815 das fünffache von der
für das Jahr 1626[4], für Malz sogar das achtfache von der des
Jahres 1715[5]. Die erlassenen Taxen waren von geringer
Wirkungskraft. Man respektierte sie nur als untere Grenze
des geforderten Betrages. Daran änderten auch alle Strafen
nichts. Viel wichtiger als dieser festgesetzte Preis war der
tatsächlich bezahlte. Die Müller versicherten zwar, er werde
ihnen freiwillig entrichtet, aber schon die zahlreichen Proteste
von Brauern und Bäckern belehren uns eines anderen. Es
war ja so leicht für die Müller, ihre Kunden gefügig zu
machen. So galt tatsächlich immer ein viel höherer Mahllohn,
als Taxe war. Besonders kraß tritt das in bezug auf das
Malz hervor. 1752 erhielten die Müller schon die Summe
von 48 Gr., die ihnen erst 1763 gewährt wurde. Damals bekamen sie wiederum schon 1 Rt. bis 1 Rt. 24 Gr., die erst 1815
zugestanden wurden. Unbekannt konnte dieser Umstand dem
Senate kaum sein, aber er befürchtete wohl mit Recht, daß
eine weitere Preissteigerung auch bei den Produkten anderer
Gewerbe eintreten würde, wenn man den Wünschen der

[1] Der Anstifter war der ehemalige Bürgermeister Eberhard Dozen,
seit 1638 im Besitz einer Mühlengerechtigkeit vor dem Stephanitor.
S. 10 u. II b 9. Er rechtfertigt sich in einer Schrift von über 70 Seiten!
Ein zweites Gutachten aus Marburg fällt ebenso aus (S. 10 u. I o), es be-
ruft sich auf die Polizeiordnung von 1577. Dagegen äußert sich der
Syndikus vom Domkapitel in Verden entgegengesetzt (S. 10 u. l l).
[2] S. 10 u. I b 2. 1760, 1782 und 1798 fanden Ablehnungen eigen-
mächtiger Verabredungen statt. (S. 10 u. I g) 1752 und 1754 wurde eine
Vereinbarung der Wind- und Wassermüller genehmigt.
[3] Der Reichstaler galt in Bremen im 17. Jahrh. erst 49, dann 55,
schließlich 72 Gr.
[4] S. 10 u. I b 2, e, g, o; S, 10 u. III a. Auf den Scheffel Korn betrug
der Mahllohn 1626: 1,6, 1638: 2,4, 1642: 3,6, 1647: 4 Grote, 1760: 4,
1795 und 1808: 6 und 1815: 8 Gr.
[5] S. 10 u. I, b 2, c, g; S. 10 u. III a, i 6. Vor 1642: 18 Scheffel = 18 Gr.,
dann 36 Sch. = 18 Gr., 1642: 36 Sch. = 36 Gr., 1714: 45 Sch. = 24 Gr.
(1 Rt.), 1716: 48 Gr., 1763: 48 Gr. (1 Rt. 24 Gr.), 1783: 60 Gr. (72 Gr.),
1808: 1 Rt. 12 Gr., 1815: 1 Rt. 24 Gr. Die in Klammern beigesetzten
Beträge sind die tatsächlich bezahlten Preise.

Müller willfährig wäre. 1858 wurde die Mahltaxe versuchs-
weise aufgehoben, erst 1861 bei der Einführung der Gewerbefreiheit wurde sie endgültig beseitigt [1].

Drittes Kapitel.

Allgemeine Verpflichtungen.

§ 1. Der Müllereid.

Die Ausübung des Müllergewerbes war an die Abstattung
eines Eides gebunden. Die älteste Formel, wohl schon lange
im Gebrauch, stammt aus dem Jahre 1629 [2]. Ihr Inhalt bleibt
in der Folgezeit derselbe; er wird nur durch Zusätze etwas
erweitert. Der Müller mußte schwören, ehrlich mit seinen
Mahlgästen zu verfahren und kein Korn zu mahlen, für das
nicht ordnungsmäßig Akzise- und Konsumtionszettel beigebracht
waren. Damit wurde der Müller mit zur Kontrollierung der
richtigen Bezahlung der Abgaben herangezogen. Dieselbe
Tendenz sprach sich schon in der Kundigen Rolle von 1489
aus [3]. Die 1796 gedruckte Eidesformel enthält zwei Erweiterungen, in denen wir einen Niederschlag der vorher-
gegangenen Unzuträglichkeiten haben [4]. Die Müller wurden
für das Tun und Treiben ihrer Knechte, hinter deren Unehrlichkeit sie sich zu verschanzen liebten, verantwortlich gemacht. Ferner wurde ihnen ans Herz gelegt, die Brauer nicht
über Gebühr zu beschweren, denn bei ihnen war, wie wir
sahen, ja die Preissteigerung für das Malzmahlen am größten
gewesen. 1861 wurde die Vereidigung auf das Steuerinteresse
beschränkt [5].

Außer diesem Eide dem Rate gegenüber schworen die
neuen Meister einen solchen dem Amte. Die leitenden Amtsmeister leisteten außerdem noch einen Eid darauf, daß sie
auf die Lade achten und Einnahme und Ausgabe richtig verzeichnen wollten [6].

Auch die Knechte wurden seit alter Zeit vereidigt [7].
1576 wurde nur die allgemeine Verpflichtung dazu betont;
seit 1647 wurde der Eid innerhalb von drei Wochen ver-

---

[1] S. 10 u. I c.
[2] S. 10 u. I 1, auch 1661, S. 10 u. I e: Müllereid. 1704: Klage über
die vielen Eide; 1715 wird den Wassermüllern auf ihre Bitten der Eid
erlassen, 1760 nicht mehr.
[3] Oelrichs, Bremer Verordnungen 1772.
[4] S. 10 u. I c und e, S. 10 u. II b 7: Der Wind- und Wassermüllereid,
auch 1810 und 1816.
[5] S. 10 u. I c und e.
[6] S. 10 u. I a, 1652 und 1663, bei den Wassermüllern.
[7] Undatierter Eid (Anf. d. 16. Jahrh.?) S. 10 u. I e: Der Wasser- und
Windmüllerknechtseid.

langt[1]. Ebenso wie von den Meistern wurde von ihnen gefordert, daß sie auf das ordnungsmäßige Beibringen der Akzise
und Konsumtionszettel achten sollten[2]. Um Veruntreuungen
zu verhüten, sollten sie darauf halten, daß die Mühle ab-
geschlossen würde, wenn niemand darin bliebe. 1806 wurde
ihnen die richtige Ablieferung des Mahlgeldes, sowie den
Knechten der Wassermüller die Bereitwilligkeit beim Ablegen
der Mühlen bei Eisgang oder Unwetter zur Pflicht gemacht[3].
Der Vereidigung der Knechte suchten sich die Müller nach
Möglichkeit zu entziehen; eines dieser Mittel war die Annahme
von Tagelöhnern anstatt der eigentlichen Müllerknechte[4]. Seit
1861 bezog sich die eidliche Verpflichtung nur auf die Abgaben[5].

Die Entwicklung der Formeln ist seit dem 17. Jahrhundert
gut zu verfolgen. Der Knechtseid der Wassermüller wurde
zunächst wörtlich für die Windmüllerknechte übernommen;
die nicht passenden Stellen blieben wohl bei der Vereidigung
weg. Dann stellte man eine Formel her, die dieser Gepflogen-
heit bereits in der schriftlichen Vorlage Rechnung trug,
schließlich fügte man für die Windmüllerknechte noch besondere Bestimmungen hinzu.

§ 2. Die Abgaben.

Allgemeine städtische Müllerabgaben gab es nicht. Die
Windmüller hatten bei Gewährung der Konzession die sogenannte Windgerechtigkeit zu bezahlen, über deren Höhe
man sich von Fall zu Fall vereinbarte[6]. Die Wassermüller
entrichteten jährlich eine Stromheuer. Es ist immerhin wahrscheinlich, daß diese für die Fischereigerechtigkeit erhoben
wurde. Die Abgabe stieg allmählich im Laufe des 17. Jahrhunderts. 1622 wurden statt jährlich 4 Mark halbjährlich
5 Mark gefordert. Doch wurde anscheinend bis 1629 nichts
bezahlt. Denn in diesem Jahre wurde erneut die Erhöhung
auf 5 Mark angeordnet und für die letzten acht Jahre 32 Mark
für jede Mühle nacherhoben. 1668 fand eine Erhöhung auf
50 Mark statt, da die Einnahmen aus der Fischerei höher
geworden wären. Die Gesamteinnahme der Stadt von den
Wassermühlen betrug damals 550 Mark, seit 1675 in Taler
umgerechnet: 244 Rt. 32 Gr.[7]. Diese Summe blieb durch
das 18. Jahrhundert dieselbe[8].

---

[1] 1647, 1671, 1688, S. 10 u. III a, Rollen der Wassermüller, vgl. Kap. 7.
[2] S. 10 u. I i 13. Auch die Knechte der Dampfmüller werden vereidigt, vgl. Kap. 16.
[3] S. 10 u. I c und e.
[4] 1822, S. 10 u. I e.
[5] S. 10 u. I c.
[6] S. 10 u. II b 4, 1677: 220 Rt. S. 10 u. II b 4, 1717: 150 Rt. S. 10 u. II c 3,
1752: 150 Rt.
[7] 1 Mark = 36 Grote.
[8] S. 10 u. III b.

Viertes Kapitel.

Zahl und Bedeutung der Mühlen.

Die Zahl der Wassermühlen betrug seit dem 17. Jahrhundert 11; sie blieb bis ins 19. Jahrhundert die gleiche. Anfangs waren auch 11 Wassermüller vorhanden. Etwa seit der Mitte des 17. Jahrhunderts finden sich dann des öftern 2—3 Mühlen in einer Hand vereinigt. Die Ursache wird in der wirtschaftlichen Notlage zu suchen sein[1].

Während also über die Zahl der Betriebe bei den Wassermühlen Klarheit herrscht, ist die Anzahl der Windmühlen zu bestimmten Zeiten nur annähernd zu ermitteln. Hierfür stehen außer den aktenmäßigen Erwähnungen von Mühlen und Müllern Pläne und Ansichten der Stadt zur Verfügung[2]. Danach ergibt sich folgendes Bild: Es bestanden in Bremen etwa in der ersten Hälfte des 16. Jahrhunderts 2, in der zweiten Hälfte 3 Mühlen, wovon eine in der Neustadt, im 17. Jahrhundert 10, davon 4 in der Neustadt, in der zweiten Hälfte des 18. Jahrhunderts 12—14 Mühlen, davon 4—5 in der Neustadt. In der ersten Hälfte des 19. Jahrhunderts sank die Zahl auf 10 Mühlen, wozu seit dem Ende des 18. Jahrhunderts allerdings noch 6 neue Landmühlen kamen[3]. Ferner wurden seit den dreißiger Jahren des 19. Jahrhunderts vier Dampfmühlen angelegt[4]. Der Zahl der Mühlen entsprach zumeist die der Müller; die Verwaltung zweier Mühlen durch einen Müller wird nur einmal erwähnt; man hat den Eindruck, daß es sich hier um einen Ausnahmefall handelt[5].

Die Zahl der Windmühlen nahm also bis zum Ausgang des 18. Jahrhunderts zu. Doch ist mit dieser Erkenntnis wenig gewonnen. Es ist nun einerseits festzustellen, daß zwar der Bedarf an Mühlen stieg, daß aber anderseits die Befriedigung dieses Bedarfs nicht die städtischen Mühlen, sondern die Landmühlen, vor allem die außerbremischen, übernahmen. Es ist somit nötig, auf die Gründe dieser Erscheinung einzugehen.

Die Hauptursachen, infolge deren eine gedeihliche Entwicklung des Bremer Müllergewerbes unmöglich wurde, waren

---

[1] S. 10 u. I c, g. 1, S. 10 u. III a, b, g 1. 1633: 11 Wassermüller, 1645—68: 5 Müller mit je 2 Mühlen, 18. Jahrh.: 1 Müller mit 3, 4 mit je 2 Mühlen, ein Besitzer! 1739—91: 5 mit je 1, 3 mit je 2 Mühlen. Berechnung nach den Aufzeichnungen über die Entrichtung der Stromheuer (S. 10 u. 3 b).

[2] Besonders nach Notizen in S. 10 u. I b 2, c, g. 1. III i 6, ferner Ansichten und Pläne auf dem Staatsarchiv (P. I s 22 b) und der Stadtbibliothek.

[3] Q. 2 B. 3 e, Q. 3 B. 2 ee, Q. 3 B. 9 r, Q. 3 B. 171, Q. 3 B. 20 m., G. 4 B. 2 X, Q. 6 A. 15, Q. 6 B. II 7. Vgl. Kap. 15.

[4] S. 10 u. I i 13. Vgl. Kap. 16.

[5] S. 10 u. II c 6.

die Unfähigkeit und Unehrlichkeit der Müller. Erstere hatte
ihren tieferen Grund in dem Verpachtungssystem. Eigentümer
der Mühlen waren zumeist Mitglieder der leitenden Kreise,
denen der Mühlenbetrieb selbst völlig gleichgültig war, deren
Interesse daran lediglich finanziell war [1]. Sie verpachteten
ihren Besitz nicht einmal immer direkt an einen Müller,
sondern an Mittelspersonen, die ihrerseits wieder den Ver-
walter der Mühle einsetzten [2]. Das Ungünstige dabei war
nun, daß außer den finanziellen keinerlei Anforderungen an
die Qualitäten des Müllers gestellt wurden. Ein Befähigungsnachweis brauchte nicht erbracht zu werden. So kam es, daß
vielfach Leute den Betrieb einer Mühle übernahmen, die nicht
die geringsten Vorkenntnisse besaßen [3]. Dieser Mangel machte
sich bei den Wassermüllern nicht mit voller Schärfe geltend,
weil diese als Zunft eher imstande waren, neuen Mitgliedern
die nötigen Vorkenntnisse zu vermitteln. Das lag auch deshalb in ihrem Interesse, weil sie sehr stark auf ihre wechsel-
seitige Hilfe angewiesen waren. Nachteilig war es jedoch für
sie, daß sie nicht, wie die Mitglieder anderer Zünfte, naturgemäß lebenslänglich ihrer Organisation angehörten, sondern
daß die Zugehörigkeit von der Dauer der Pacht einer Mühle
abhing [4]. Auf den Windmühlen waren die Zustände viel übler.
Hier verließen sich die Müller oft ganz auf ihre Knechte, ja
sie ließen sich von ihnen erst das Nötigste beibringen. Damit
verloren sie natürlich alle Autorität bei ihren Untergebenen,
und sie durften es nicht mehr wagen, über sie eine scharfe
Kontrolle zu üben. Allerdings wurden die Unehrlichkeiten
oft nicht etwa nur geduldet, sondern sie wurden geradezu
von den Müllern veranlaßt [5]. Geradezu unleidlich waren die
Verhältnisse im 18. Jahrhundert geworden. Das Mehl wurde
mit Sand vermengt, das Malz in der unverschlossenen Mühle
zurechtgestellt, damit die Karrenschieber oder Knechte es be-
quem beiseite schaffen konnten. Auch verlangten die Knechte
ein höheres Mahlgeld, wofür sie dann sich nicht die Konsumtionszettel abliefern ließen [6]. Die Zusammenstellung der
Müller mit den Zöllnern der Bibel (de tolnere und molnere)
war danach kaum noch unberechtigt zu nennen [7]. Die not-

---

[1] S. 10 u. I 1, 1643, S. 10 u. II a 2, 1629, S. 10 u. II b 9, 1638. (Senatoren
und ehemalige Bürgermeister.) Bei den Wassermühlen kommen dagegen Brauer als Mühlenherren vor, die natürlich lebhaftes Interesse
an dem Betrieb hatten.
[2] S. 10 u. I 1, 1642.
[3] Noch 1842 ist ein Windmüller Zimmermann, 1847 einer Steuer-
mann (S. 10 u. I b 2, II a 4).
[4] Allmählich wurden die Wassermüller Eigentümer, vgl. Kap. 7.
[5] S. 10 u. 1 c, 1715. Die Strafe des Halseisens und des Pranger-
stehens wird angedroht.
[6] S. 10 u. I c, b 2.
[7] S. 10 u. III i 1 a, 1661. Aus alledem ergibt sich, daß die Müller als
Kontrollbeamte für das richtige Eingehen von Akzise und Konsumtion
durchaus ungeeignet waren.

wendigen Folgen der Unfähigkeit und Unehrlichkeit bestanden
darin, daß das Mahlergebnis schlechter ausfiel als auf den von
gelernten Müllern betriebenen auswärtigen Mühlen. Ferner
waren die Mahlgäste stets in Ungewißheit, ob sie das Mahlprodukt in der tatsächlich gewonnenen Menge bekamen und
ob es auch wirklich von den von ihnen eingelieferten Früchten
stammte. So hatten sie meist Grund genug, sich nach besserer
Mahlgelegenheit umzusehen. Selbst einen höheren Preis
ließen sie sich gefallen, war doch auf den Landmühlen das
Mahlprodukt erheblich besser und die Bedienung schneller
und zuvorkommender. Da es im Bremischen keine Zwangs-
mühlen gab, so konnte jeder soviel auswärts mahlen lassen,
wie er wollte, und die Müller der Nachbarterritorien sorgten
durch besonderes Entgegenkommen dafür, daß der Brauch erhalten blieb. Wohl versuchten die städtischen Mühlen, ihre
Kunden zurückzugewinnen, aber die Mittel erwiesen sich als
untauglich. Von Zwangsbestimmungen wollte der Senat nichts
wissen, so versuchte man es wieder mit allerhand Durch-
stechereien, aber der Erfolg blieb aus[1]. Nur da, wo der
Müller — erlaubt oder unerlaubt — Mehlhandel trieb, rentierte
sich die Mühle besser[2]. Die Wassermühlen, gegen die man
ursprünglich nur die Langsamkeit des Betriebes einzuwenden
hatte, wurden natürlich mit in diese Entwicklung hinein-
gerissen. Aber ganz allein hatten die Müller nicht Schuld an
dem Niedergange ihres Gewerbes, es wirkten auch die Zeit-
umstände dazu mit. Wenn wir von den politischen Umständen am Ende des 18. Jahrhunderts absehen, so lag schon
in dem Rückgang der Brauerei, in der Zunahme der Kartoffelnahrung der ärmeren Bevölkerungskreise und in der Steigerung
des Konsums des aus amerikanischem Mehl hergestellten
Weißbrotes in den oberen Schichten Grund genug für eine
Verschlechterung der Lage der Mühlen. Hinzu kam noch die
allgemeine Preissteigerung, die sich in den höheren Arbeits-
löhnen und Materialpreisen aussprach[3]. Dazu waren auch die
Mühlen wertvoller geworden; der Verdienst mußte höher sein,
um das Anlagekapital zu verzinsen. Im einzelnen ist eine
Vergleichung der Preise schwer möglich, da der Zustand der
Mühle meist nicht bekannt ist. Am Anfang des 17. Jahrhunderts war eine Windmühle schon für 600 Rt. zu haben,
100 Jahre später kostete sie schon 1000 Rt., um die Mitte
des 18. Jahrhunderts wurden bereits 3000 Rt. und Anfang
des 19. Jahrhunderts 4500 Rt. bezahlt. Um die Mitte des
19. Jahrhunderts wurde eine Mühle für 11 750 Taler verkauft[4].

---

[1] S. 10 u. I b 2.
[2] S. unten die Steinwegmühle.
[3] S. 10 u. I b 2, g, s.
[4] S. 10 u. II a 2, 4. b 1, 2, 6.   Schütting Archiv A. 11 a.   Über die
Wassermühlen s. unten.

Fünftes Kapitel.

Der Mehlhandel.

Von jeher lag es für die Müller nahe, auch Mehl- und Getreidehandel zu betreiben. Beides war ihnen aus guten Gründen verboten. Die Vereinigung beider Hantierungen in einer Hand war der alten Wirtschaftsordnung zuwider; ihre Sanktionierung hätte unberechenbare Folgen für die anderen Gewerbe gehabt, die das gleiche Recht für sich gefordert hätten. Sie hätte zugleich die Trennung von Müller und Mahlgast beseitigt, da dann der Müller sein eigener Mahlgast werden konnte. Die Unterschlagung der Abgaben und die Vertauschung des Mehls wäre damit allzu leicht gemacht worden. Trotz aller Verbote war es aber nicht möglich, den Handel völlig zu unterbinden, er mußte sich jedoch so in bescheidenen Grenzen halten, um nicht die Aufmerksamkeit auf sich zu lenken. Der Mehlverkauf schädigte, ohne die Ware wesentlich zu verteuern, vor allem die kleinen Mehl-höker. Getreidehandel trieben vor allem die Mühlen vor den Toren; die Bauern kamen mit ihrem Korn oft gar nicht in die Stadt hinein. Dieser Vorkauf wirkte aber natürlich preissteigernd, da dadurch das Angebot auf dem Markte verringert wurde. Diese Umstände gewannen besonders seit dem 18. Jahrhundert eine größere Bedeutung.

Vor allem verstand es der Müller Seemann, der seit 1754 die Mühle am Buntentorsteinweg als Pächter besaß, aus dem Getreide- und Mehlhandel Nutzen zu ziehen[1]. Er richtete einen regelrechten Zwischenhandel ein, indem er das Getreide, das zur Stadt gebracht wurde, aufkaufte und dieses sowie Mehl in kleinen Quantitäten an die Bürger weiterverkaufte. Er war schwer kontrollierbar, da seine Mühle vor der Neustadt lag und er zudem noch Mehl an Landleute verkaufen durfte. So betrieb er sein einträgliches Geschäft trotz der Verbote und Bestrafungen ruhig weiter. Erst als ein neuer Pächter die Mühle bewirtschaftete, hörten die Streitigkeiten auf, da diesem von vorne herein jeglicher Verkauf verboten wurde[2]. In der Franzosenzeit hatte sich der Mehlhandel besonders ausgedehnt. 1816 fanden darauf eingehende Beratungen über diese Frage statt, ohne tatsächlich etwas ändern zu können. Eine Umfrage ergab, daß von 11 Wassermüllern nur 1, von 9 Windmüllern dagegen 5 mit Mehl handelten. Man wagte aber damals nicht durchzugreifen, da man die Hilfe der Müller für Durchführung der Konsumtionsordnung brauchte; man hatte ihre Kontrolle doppelt nötig, weil man

---

[1] S. 10 u. I1, S. 10 u. II a 4.
[2] 1769; 1772 wird ein Verbot des Mehlhandels an alle Müller erlassen.

die Akzisemeister an den Toren abgeschafft hatte[1]. 1826 nahm man die Untersuchung neu auf. Eine Umfrage ergab, daß 7 von 10 Windmüllern auch Mehlhandel trieben. Der Senat beschloß nun, daß die Müller künftig vor Erteilung der Konzession zu benachrichtigen seien, daß sie keine Mehlhökerei treiben dürften; die bisherigen Müller sollten innerhalb von drei Monaten ihre Vorräte verkaufen. Natürlich war ein lebhafter Protest der Beteiligten die Folge; es ward vor allem dabei über die starke Konkurrenz geklagt. Hinsichtlich der befürchteten Unehrlichkeit berief man sich nicht sehr glücklich auf den Müllereid. Wieder blieb die Frage unerledigt: man hoffte, daß ein Wechsel der Persönlichkeiten im Müllergewerbe eine Änderung herbeiführen werde. Die Mehlhöker beschwerten sich weiter und die Müller trieben weiter Mehlhandel. 1831 wurde die Verfügung von 1826 wiederholt. Die Müller erboten sich nun, Kaution zu stellen und ihr Korn nur von den städtischen Kaufleuten zu beziehen. Eine Änderung erfolgte aber nicht. Erst die obrigkeitliche Verordnung von 1834 (betr. die Konsumtion) erkannte den tatsächlich bestehenden Zustand an. Dort war ausdrücklich von dem Getreide die Rede, das der Müller für eigene Rechnung auf die Mühle nimmt[2].

So setzte sich der Mehlhandel als Nebenerwerb der Müller im Laufe des 19. Jahrhunderts durch. Die geringe Rolle, die die Wassermüller bei diesen Verhandlungen spielten, erklärt sich aus ihrem geringen Interesse an dieser Frage. Sie besaßen ja in ihrer Fischereigerechtigkeit einen einträglichen Nebenerwerb.

Zweiter Abschnitt.

Die Wassermüller.

Sechstes Kapitel.

Lage und Beschaffenheit der Wassermühlen.

Die Bremer Wassermühlen waren Schiffsmühlen. Sie waren an Pfählen, die mit der Weserbrücke in Verbindung standen, befestigt. Sie bestanden aus dem eigentlichen Wohnschiff, dem großen Kump, der von der Brücke aus durch eine Leiter zugänglich war[3] und auf dem Dache ein Zeichen trug[4],

---

[1] Über die Brauchbarkeit der Müller für die Kontrolle vgl. das im vorigen Kapitel Gesagte.
[2] S. 10 u. I 1, S. 10 u. II a 4.
[3] 1661, S. 10 u. III a; f 2.
[4] Im 19. Jahrhundert bei den Verhandlungen über den Ankauf der Mühlen durch die Stadt gibt es eine Trommelstock-, Schlüssel-, Kreuz-, Hirsch-, Knopf-, Ziegenhorn- (früher Schwert-), Kammrad-, Beil-, Roß-, Bock- und Brotmühle. S. 10 u. III q.

nach dem die Mühle genannt wurde, und einem zweiten
kleineren Fahrzeug, dem kleinen Kump, der der Welle auf
der anderen Seite zur Unterstützung diente. Zwischen beiden
Kumpen lief das Rad. Bei Hochwasser und Eisgang mußten
die Mühlen ablegen, d. h. sie mußten einen geschützten Platz
am Ufer aufsuchen. Das Hin- und Herschaffen der Mühlen
war umständlich und gefährlich. Es konnte nur vorgenommen
werden, wenn die Müller sich gegenseitig unterstützten. Bei
starkem Strom kamen leicht Beschädigungen vor, oder die
Mühlen versanken wohl gar dabei [1]. So legten schon der Gefahr wegen die Müller ihre Mühlen nur im Notfall ab. Verstärkt wurde der Widerwillen noch dadurch, daß sie nur, so
lange sie an der Brücke lagen, ihre Tätigkeit ausüben konnten.
Das Tauwerk, das beim Ablegen der Mühlen gebraucht wurde,
war Amtseigentum [2]. Da die Mühlenschiffe nur beschränkten
Raum hatten, so wurde die Brücke zur Aufbewahrung der
Mehlsäcke mit in Anspruch genommen [3].

Die Strömung der Weser war unter den einzelnen Jochen
verschieden stark; so waren Maßregeln nötig, die die Bevorzugung einzelner Müller verhinderten. Diese konnte eintreten durch einen von Natur besonders guten Liegeplatz oder
durch künstliche Beeinflussung der Strömung. Ersteres wurde
durch den halbjährlich vorgenommenen Wechsel der Liegeplätze vermieden. Um eine möglichst gleichmäßige Strömung
zu erzielen, waren ferner genaue Vorschriften über das Setzen
der Rad- und Schottdielen getroffen [4].

Siebentes Kapitel.
Die Amtsorganisation.

Wann die Wassermüller eine zünftische Organisation erhielten, ist nicht mit Sicherheit festzustellen. Die ältesten
Nachrichten lassen keine Schlüsse zu [5]. Erst um die Mitte
des 16. Jahrhunderts scheint sich ein Amt gebildet zu haben.
Die „Rechticheid der Molen by der Weserbrügge vor Bremen",
angeblich aus dem Anfang des 16. Jahrhunderts, zeichnet noch
die alten Zustände [6]. Danach sind die Mühlen im Besitze

---

[1] S. 10 u. III n. 1818, 1820.

[2] Es lagerte bis 1741 auf dem Boden einer Bedürfnisanstalt, die
an der Weser hinter der Walkmühle lag. S. 10 u. III m. Sie brannte
damals ab; die Müller verlangten Schadenersatz.

[3] S. 10 u. III p, 1761, 1822.

[4] Hieran war die ganze Stadt auch hinsichtlich der Wasser-
versorgung interessiert, da von der richtigen Handhabung der Dielen
es abhing, ob das große Wasserrad genug Wasser in die Stadt be-
fördern konnte. 1661 S. 10 u. III a.

[5] Die Urkunde von 1250 betrifft die Fischereigerechtigkeit, ebenso
ein Entscheid von 1491. S. 10 u. III i 1 a.

[6] S. 10 u. III a, zitiert R. 1.

einzelner Mühlenherren, die zum Teil Brauer waren. Sie
setzten ihre Müller auf Grund eines Pachtvertrages ein. Die
Kündigung war beiderseits von Weihnachten auf Ostern möglich. Die Abgaben bestanden in Naturalien und Geld[1].
Außerdem standen den Mühlenherren Vorzugsrechte gegenüber
anderen Mahlgästen zu. Das Korn für ihren Hausbedarf mußte
der Müller ohne Vergütung mahlen. Wenn die Mühlenherren
ihm zwei Tage vorher anzeigten, daß sie Korn oder Malz gemahlen wünschten, mußte er sie am dritten Tage zuerst be-
dienen. Größere Reparaturen und Neuanschaffungen hatten
die Mühlenherren zu bestreiten[2]. Allmählich wurden die
Müller wohl meist selbst Besitzer der Mühlen. In der ersten
Amtsrolle (um 1576) ist noch von Mühlenherren die Rede,
aber es handelt sich wahrscheinlich hier um die Morgensprachsherren[3]. Von nun an fehlt es an Erwähnungen über
diesen Punkt[4]. Auffällig ist, daß der Beteiligung des Rates
bei der Aufstellung der Statuten niemals gedacht wird, ja die
Rolle 1671[5] behält dem Amte selbst ausdrücklich die Veränderung der Statuten vor. Man hielt vermutlich das Staats-
interesse durch die Aufsicht der beiden Morgensprachsherren
für genügend gewahrt. Ein Merkmal der Zunft ist auch nicht
ausdrücklich ausgesprochen, der Beitrittszwang[6]. Das führte
schon im 16. Jahrhundert zu einem langen Prozeß. In hoch-
deutscher Sprache ist außer den Rollen von 1671 und 1688[7]
auch die Mülleramtsgerechtigkeit von 1576 abgefaßt. Da
diese Kammergerichtsakten beiliegt, so wird es sich wohl
hierbei um eine Übersetzung handeln, die für einen Prozeß
angefertigt wurde. Die Rolle von 1647[8] ist wieder nieder-
deutsch. Sämtliche Rollen entwickeln sich konsequent aus
der von 1576.

Die Aufsicht über das Amt führten zwei Morgensprachsherren, die für ihre Bemühungen die Hälfte der Strafgelder
erhielten. Die Leitung hatten die beiden Amtsmeister, der
Alt- und der Jungmeister. Nach dem Morgensprachsformular
von 1652 leitete der älteste Meister die Wahlhandlung[9]. Er
nennt in der Morgensprache die beiden neuen Amtsmeister.

---

[1] Meist vier. Für jeden Viertelanteil stand dem Mühlenherren
eine Bremer Mark, 12 Scheffel Roggenmehl, 1 Scheffel Weizenmehl und
Mismehl zu Ostern zu.
[2] Dazu gehörten Welle, Rad und die Kumpen (s. unten).
[3] Auch in dem Morgensprachsformular von 1652 (S. 10 u. I a) kurz
„Heren" genannt.
[4] 1840 sind sämtliche Wassermüller Besitzer der Mühlen.
[5] Überliefert 1681, zitiert R. 3.
[6] Er war wohl schon in Anbetracht der gegenseitigen Hilfe (s. unten)
selbstverständlich. S. 10 u. III i 1 a, i 9.
[7] Zitiert: R. 4.
[8] Überliefert 1681, zitiert: R. 2.
[9] S. 10 u. I a.

Ob damals schon der Brauch herrschte, daß die Jungmeisterschaft abwechselte und jedesmal der vorjährige Jungmeister
Altmeister wurde, ist nicht zu ersehen. Beide mußten dem
Amte und dem Rate einen Eid leisten[1]. Sie gaben Befehl
zum Setzen der Dielen, die die Strömung regelten, und ver-
anlaßten die Durchführung der obrigkeitlichen Verordnungen
hinsichtlich des Ablegens und Vorlegens der Mühlen. Zur
Hand ging ihnen dabei der Bote, jedesmal das zuletzt bei-
getretene Mitglied des Amtes[2]. Dieser führte die Aufsicht
über das „Amtszeug", das wesentlich im Tauwerk für den
Transport der Mühlen bestand[3]. Er richtete die Bestellungen
an die Mitglieder aus und bediente bei der Amtsmahlzeit am
Fastnachtsabend. Bei den beiden zuletzt genannten Ver-
pflichtungen durfte er sich später vertreten lassen[4].

Achtes Kapitel.
Die Verpflichtungen.

Als Aufnahmebedingung wurde das Bürgerrecht verlangt,
ferner mußte der Bewerber nachweisen, daß er echt und
recht geboren und niemandes eigen sei[5]. Dann mußte jeder Wassermüller schwören, daß er sich
nach dem, was im Amte Brauch sei, richten wolle. Diese
Gewohnheiten hatten aber nur zum Teil etwas mit dem Gewerbe zu tun. Zu ihnen gehörten auch die Stellung einer
Anzahl von Schützen zur Schützenkompagnie" sowie das
Folgen beim Leichenbegängnis eines Ratsmitgliedes[7], Bestimmungen, die nur vorübergehend auftauchen. Dagegen
erfährt die Sitte, Gastereien zu veranstalten, eine immer
größere Ausgestaltung. Anfangs heißt es allgemein, daß der
Neueintretende den Herren und dem Amt eine „Verehrung
zu tun" habe[8]. 1671 wird ein zweitägiges „Convivium" verlangt[9]; 1688 mußten auch die Frauen bei dieser Gelegenheit
drei Tage ein „Warmbier" geben[10]. Eine weitere Gelegenheit
zum Feiern war gegeben, wenn ein großer oder kleiner Kump
vom Lande ablief. Verbote des Rates wurden offenbar nicht

---

[1] Vgl. oben Kap. 3 § 1.
[2] R. 1—4.
[3] R. 3 und R. 4, über den Aufbewahrungsort vgl. Kap. 6.
[4] R. 4.
[5] R. 1—4.
[6] Nur R. 1. Die Müller stellten 3 Schutten „ohne den Freischutten".
1647 nicht mehr erwähnt, trotzdem die Kompanie erst 1663 verschwand.
[7] Nur R. 3.
[8] Die Herren scheinen die Morgensprachsherren zu sein. Vgl. Kap. 7.
[9] R. 3 und R. 4 ausführlich. Der Neueintretende hatte außerdem
einen silbernen und einen zinnernen Hechtebecher und er wie seine
Frau einen zinnernen Teller zu stiften.
[10] Oder 10 Rt.

geachtet[1]. Die meisten, immer eingehender ausgestalteten Bestimmungen waren allerdings für das Amt von ausschlag- gebender Bedeutung. Die Erhaltung der Mühlen erforderte große Sorgfalt. Die Müller mußten jederzeit zur Hand sein, um bei wechselndem Wasserstande sofort die nötigen Ände- rungen an ihren Mühlen vornehmen zu können. Darum war es ihnen verboten, die Nacht außerhalb der Stadt zuzubringen. Beim Ablegen der Mühlen waren sie auf ihre gegenseitige Hilfe angewiesen[2]. Über die gemeinsam zu leistende Amts- arbeit gab es genaue Vorschriften[3]. Ferner lag den Müllern die Reinhaltung der Brücke ob, einer Verpflichtung, der sie nicht immer genügend nachkamen[4]. Genau war ferner das Verhältnis zu den Knechten geregelt. Der eidlichen Ver- pflichtung der Hilfskräfte ist schon gedacht[5]. Nur in Aus- nahmefällen und mit Bewilligung der Altmeister durften sie fremde Handlanger auf der Mühle halten. Alle sollten un- weigerlich den Anordnungen der Amtsmeister und des Boten gehorchen. Ein Knecht, der der „Hurerei und Dieberei" be- schuldigt wurde, mußte noch „bei scheinender Sonne" ent- lassen werden. Auch war den Müllern das Abspenstigmachen der Knechte untersagt[6].

Neuntes Kapitel.

Berechtigungen und Konflikte.

In doppelter Hinsicht waren die Wassermüller bevor- rechtet; sie besaßen Mahl- und Fischgerechtigkeit. Von letzterer hören wir zuerst und zwar schon 1250[7]. Vielleicht war die Periodizität des Erwerbs der Grund dieser zweifachen Privilegierung gewesen, konnten die Müller doch nur einen Teil des Jahres mahlen. Ungünstig war ferner, daß der Mahlbetrieb verhältnismäßig langsam vonstatten ging. Dafür war aber der Mehlertrag nach Menge und Beschaffenheit vorteilhafter als auf den Windmühlen. Aus diesem Grunde bevorzugten sie auch die Bäcker. Der Fischfang galt den Neunaugen und Lachsen[8]. Da die Mühlen die ganze Weser

---

[1] Verbot der Gastereien 1681, Klagen 1684 aufs neue. S. 10 u. III a.
[2] R. 2 und R. 3.
[3] R. 3 und R. 4.
[4] R. 2—4. S. u. III e. 1684 soll der Unflat auf der Brücke weg- geführt und das Eis in die Weser geworfen werden. 1757 muß die Brücke wöchentlich dreimal von den Müllern gefegt werden.
[5] R. 1 unbestimmte Zeit. R. II—IV: 3 Wochen; vgl. oben Kap. 3 § 1.
[6] R. 3 und 4.
[7] Br. Ub. I und S. 10 u. III a.
[8] S. 10 u. III a. Die Wassermüller durften auch die von ihnen ge- fangenen Neunaugen braten und versenden, was sonst nur den Neun- augenbratern gestattet war (1828).

sperrten, war die Gelegenheit dazu besonders günstig. Aus dieser Lage der Mühlen erwuchsen dauernd Streitigkeiten.

Besonders nahe lagen Reibereien mit dem Fischeramt, zumal keine genauen Bestimmungen darüber bestanden, wie weit die Müller und wie weit die Fischer fischen durften[1]. Im 17. Jahrhundert deuteten Grauwackensteine in der Mauer die Grenze an[2]. Nach ihrer Entfernung herrschte große Unklarheit und daher dauernd Streit. Die Müller achteten auf das Genaueste darauf, daß die Fischer nicht zu nahe bei ihren Mühlen fischten; sie zeigten sie sofort beim Kämmerer an[3]. Als sich aber gelegentlich die Angaben der Müller als unwahr herausstellten, mußten sie den Fischern den durch das Fortnehmen der Körbe entstandenen Schaden ersetzen. Nun wurden die Müller in ihren Beschuldigungen vorsichtiger. Seit der zweiten Hälfte des 18. Jahrhunderts wandten sich die Fischer ihrerseits gegen den Fang der Müller zur Laichzeit. Jene suchten zu beweisen, daß die Netze so weit wären, daß die junge Brut ungeschädigt durchschlüpfen könne[4].

Auch mit den Schiffern lag man im Streit. Wiederholt wurde verboten, Pfähle in den Strom zu setzen und Körbe daran zu befestigen; vor allem sollte das Fahrwasser freibleiben. In Wirklichkeit war es den Müllern jedoch nur um die Beseitigung einer ihnen unangenehmen Konkurrenz zu tun. Nur bei Eis durften die Schiffer Fanggeräte ausstellen[5]. Auch die Landleute besaßen nur das Recht, auf den überschwemmten Wiesen zu fischen. Daß es dabei nicht blieb, ist erklärlich. Die Müller hatten auch hierauf scharfe Acht[6]. Sie waren sowieso den Anwohnern der Oberweser keineswegs günstig gesinnt.

Da nämlich die Müller bei ihren Mühlen eine gewisse Stauung des Wassers herbeiführten, da sonst die Strömung der Weser nicht hinreichte, um ihre Mühlen gehörig zu treiben, so gaben die Landleute ihnen die Schuld, wenn bei Hochwasser ihre Ländereien überschwemmt wurden. Während des 17. und 18. Jahrhunderts liefen alle paar Jahre Beschwerden der Amtleute von Achim, Syke und Thedinghausen ein, die aus diesem Grunde das Ablegen der Mühlen verlangten. Der Senat stand durchaus auf seiten seiner Müller, denen er ohne Not das Ablegen der Mühlen nicht zumuten wollte. Wiederholt wurden eingehende Messungen vorgenommen, so 1692, 1739, 1756 und 1816, jedesmal mit dem Ergebnis, daß der Unterschied des Wasserstandes bei vor-

---

[1] 1491 (S. 10 u. III c) werden die „Izpale" als Grenze bezeichnet.
[2] 1662, S. 10 u. III i 1 a.
[3] Wiederholt im 17. Jahrh. S. 10 u. III i 1 a.
[4] S. 10 u. III d 2, d 4, i 1 a.
[5] Verbote: 1621, 56, 61, 69, 71. S. 10 u. III i 1 a, 1 b.
[6] S. 10 u. III i 1 b und i 1 d.

liegenden und abgelegten Mühlen gering war und sich schon in der Nähe Bremens nur schwer nachweisen ließ[1].

Auch zu den Kaufleuten gerieten die Müller in Gegensatz, da die Mühlen in der Tat ein schweres Hindernis für die Schiffahrt und damit für den Handel darstellten. Zwar gab es das Fährgatt für die Schiffspassage, aber dieses war nicht immer fahrbar[2]. Dann bedurfte es erst langer Verhandlungen, ehe sich die Müller bewegen ließen, den Weg frei zu geben. Jedes Ablegen ließen sie sich hoch bezahlen. Erst in den dreißiger Jahren des 19. Jahrhunderts gab es einen Tarif dafür[3]. Verschiedentlich verursachten die Müller auch Schiffsbeschädigungen, indem Schiffe durch Einfrieren auf der Oberweser Schaden litten, weil die Müller sie nicht rechtzeitig durchließen. Auch kam es vor, daß losgerissene Mühlen Schiffe anrannten und beschädigten[4].

So beschworen die Privilegien und die Lage der Wassermühlen viele Streitigkeiten herauf. Besonders war es der letztgenannte Konflikt, der eine gründliche Änderung nötig zu machen schien.

Zehntes Kapitel.

Das Ende der Wassermühlen[5].

Verschiedene Umstände schienen in den ersten Jahrzehnten des 19. Jahrhunderts darauf hinzudeuten, daß die Tage der Wassermühlen gezählt seien. Außer ihrer primitiven Mahlweise, ihrer ungünstigen, die Schiffahrt schädigenden Lage war es hauptsächlich das Aufkommen der Dampfmühlen, das ihnen den Untergang zu drohen schien. Sie wären wohl so langsam ohne Sang und Klang in Zahlungsschwierigkeiten zugrunde gegangen. Aber es kam anders. Noch einmal vor ihrer Beseitigung traten sie in den Mittelpunkt des Interesses.

Als nämlich 1837 der Neubau der Weserbrücke — es war dieselbe, die vor fast 100 Jahren (1738) erbaut war; diese war 1677 an Stelle der durch Eisgang zerstörten Brücke errichtet worden — beschlossen war, mußte man auch der Frage näher treten, was mit den Wassermühlen zu geschehen habe. Eins war klar, an der neuen Brücke war kein Platz für die alten Mühlen. Die Müller ahnten das rechtzeitig. Sie

---

[1] S. 10 u. III g 1, g 2, i 1 a, d 2, d 4. 1679 wohnte den Messungen auch ein Vertreter der Regierungen in Stade bei. Seit 1796 bestand eine ständige Kommission, die über das Ablegen der Mühlen zu entscheiden hatte. 1834—36 (S. 10 u. III g 1) Streit zwischen Senat und Mülleramt betr. das Ablegen.

[2] 1686 (S. 10 u. III g 3): Die Müller sollen Platz für die Schiffe lassen.

[3] S. 10 u. III g 1, g 4. Tarif für 3 Schiffe: 15, für 4: 20 und für 5—30: 25 Rt.

[4] 1687, S. 10 u. III l.

[5] S. 10 u. III q.

wiesen darauf hin, daß ihr Recht an den Mühlen dem Eigen-
tumsrecht an Grundbesitz gleichzuachten sei. Darauf trat 1838
der Senat mit einer bestimmten Erklärung hervor, die das
Problem zuerst einmal negativ faßte. Von einer unmittel-
baren Befestigung der Mühlen an der Brücke könne später
keine Rede sein, da das mittelste der 7 Joche für die Schiff-
fahrt freibleiben müsse [1]. Vorkehrungen zur Verstärkung des
Stromes dürften nicht mehr angebracht werden; der Zugang
zu den Mühlen von der Brücke aus könne nicht mehr erlaubt
werden und während des Neubaues, der vermutlich drei Jahre
währe, könnten die Mühlen höchstens an einer Notbrücke
liegen. Der Senat empfehle eine gütliche Einigung, da er
sonst zur Enteignung schreiten müsse [2]. Fügten die Müller
sich aber gütlich, so wollte er ihnen bei ihrem weiteren Fort-
kommen nach Kräften behilflich sein. Es wurde noch hinzugefügt, daß die Schaffung eines Provisoriums, bis die neue
Brücke fertig wäre, nicht anzuraten sei. Die Müller zeigten,
wie der Senatsbericht sagt, ein gedrücktes, aber würdiges Benehmen. Sie sahen die einzige Möglichkeit darin, daß der
Staat ihnen ihre Mühlen abkaufe. Im Senat bestand damals
schon die gleiche Ansicht, aber man ließ sie gegen die Müller
noch nicht laut werden. Man würdigte auch die Härte, die
selbst bei guter finanzieller Entschädigung noch immer in der
Beseitigung ihrer Erwerbsgelegenheit liegen mußte. Eine eingehende Denkschrift erörterte die Frage: „Wie den Wassermüllern zu helfen sei". Darin wurde auch die Bedrohung der
Wassermühlen durch die Dampfmühlen in Rechnung gestellt.
Ein Vorschlag, der diese Umstände ausbeuten wollte, wurde
mit Recht verworfen.

Noch war keine Übereinkunft erfolgt, als im Mai 1839
das Ablegen der Mühlen an der Altstadtseite für den Bau
der Brücke nötig wurde [3]. Sie legten aber nicht eher ab, als
bis der Senat ihnen versicherte, daß ihren Rechten damit kein
Eintrag geschehen sollte. Die erste Mühle an der Altstadtseite, die der Witwe Steffen gehörte, wurde ihr für 4800 Rt.
abgekauft. Außerdem wurden ihr 5 % für die Zeit vom
Augenblick des Ablegens bis zum Ankauf vergütet [4]. Die
Mühle wurde ausgebessert, an eine andere Stelle gebracht und
an den Sohn der Witwe für 150 Rt. verpachtet. Ob jemals
die Pacht richtig bezahlt worden ist, bleibt zweifelhaft [5].

Erst 1840, als die Wassermüller drohten, gerichtlich vor-

---

[1] Dazu tritt später noch die erste Öffnung an der Altstadtseite.
[2] Davor scheute der Senat aber zurück, da er einen langen, kostspieligen und in seinem Ausgang unsicheren Prozeß fürchtete.
[3] Noch Johanni 1839 wechselten die Müller, wie üblich, ihre
Liegeplätze.
[4] 17. Juli bis 23. Okt.
[5] 1840 sucht er vergeblich um Nachlaß der Pacht nach.

gehen zu wollen, gab der Senat ihnen auf, ihr Angebot zu nennen. Um ein Auftreiben der Preise zu verhindern, ließ der Senat vorläufig und unter vorbehaltlicher Genehmigung durch die Bürgerschaft abschließen. Die Opfer, die gebracht werden mußten, waren bedeutend. Sie betrugen 52 600 Rt. + 1200 Rt. Zinsen (= 4 % für die Zeit seit dem Ablegen)[1]. Da man mit der Verpachtung der ersten Mühle so schlechte Erfahrungen gemacht hatte, beschloß man, alle meistbietend zu verkaufen. Im August 1841 erzielte man für drei Mühlen nur 312½ Rt.[2]. Auf dieses schlechte Ergebnis hin beschloß man, mit dem Verkauf der übrigen noch zu warten. Man nahm einen der Müller an, der für 40 Rt. monatlich die Aufsicht über die Mühlen übernahm. Im Oktober verkaufte man aber doch die übrigen acht Mühlen. Das Ergebnis war etwas besser. Man erzielte 1198 Rt. 60 Gr., freilich immerhin noch wenig genug im Vergleich zu der hohen Ankaufssumme.

Dieses Mißverhältnis machte den Wunsch rege, wenigstens einen Teil des Geldes, wenn auch nur die Zinsen des aufgewandten Kapitals, auf andere Art wieder einzubringen. Dabei kam man ganz folgerichtig auf den Gedanken, daß hierfür diejenigen heranzuziehen seien, die den Vorteil von der Beseitigung der Wassermühlen hätten. Das waren ohne allen Zweifel die Wind- und die Dampfmüller. Diese waren auch sofort bereit dazu, allerdings nur unter gewissen Bedingungen. Sie schlugen vor, daß auf jede verbrauchte Last Korn eine Abgabe zu erheben sei; auch sollte es den Bremern verboten sein, auf fremden Mühlen mahlen zu lassen. Die Müller verpflichteten sich dagegen zur ausreichenden Mehlversorgung der Stadt. In diesem Anerbieten lag noch eine neue Konzession einbegriffen, nämlich daß keine neue Mühle mehr errichtet werden dürfe. Die Müller versprachen also tatsächlich nur die Aufbringung der Zinsen, wofür sie zwei Privilegien von großer Tragweite forderten. Die Finanzdeputation gab sofort zu bedenken, auf welche Art denn die Müller das tatsächliche Zusammenkommen der Zinsen (2100 Rt.) garantieren wollten, wie man es verhindern könne, daß die Müller nicht einfach die Abgabe auf die Konsumenten abwälzten und wie überhaupt dabei dem Staate die nötige Entschlußfreiheit gewahrt werden solle. Sofort protestierten auch Weiß- und Grobbäcker, Brauer und Brenner gegen eine solche Bevorzugung der Müller. Man kannte sie und wußte, daß man von ihrer

---

[1] Der für die Mühlen erzielte Preis (Angebot in Klammern) betrug: Trommelstockmühle (Ww. Steffen): 4800 (5000) Rt., Schlüsselmühle: 5400 (6000) Rt., Kreuzmühle: 4800 (5000) Rt., Hirschmühle: 5500 (6500) Rt., Knopfmühle ebenso. Ziegenhornmühle: 5300 (6000) Rt., Kammradmühle: 4900 (5000) Rt., Beilmühle: 5300 (5400) Rt., Roßmühle: 5200 (5500) Rt., Bockmühle: 5500 (6000) Rt., Brotmühle: 5200 (5500) Rt.

[2] 100 + 105 + 107½ Rt.

Willkür das Schlimmste zu fürchten hatte, wenn sie einmal mit solcher Macht ausgestattet wären. Die Beratungen gingen weiter. Endlich 1847 beschloß man nach nochmaliger Untersuchung, von der Aufbringung der Zinsen abzustehen, da man, ohne sich gänzlich in die Hände der Müller zu begeben, neue Abgaben von ihnen doch nicht erreichen könne.

Dritter Abschnitt.
Die Windmüller.

Elftes Kapitel.
Die Organisierung der Windmüller.

Erst am Beginn des 19. Jahrhunderts kam es bei den Windmüllern zu einer Organisation[1]. Im 18. Jahrhundert lehnten sie sich an das Amt der Wassermüller an, mit dem sie 1752 und 1754 eine Reihe von Artikeln vereinbarten[2]. Sie bezogen sich auf die Höhe des Mahlgelds, die Zahlungsart. die Zugaben und die Trinkgelder. Die Windmüller wählten zusammen mit den Interessenten des Schulorts[3] einen Ältesten, bei dem der ihnen zustehende Teil der Strafgelder deponiert wurde. 1801 erscheinen hieran einige Zusätze angehängt, die Strafen für die Versäumnis der Versammlungen betrafen. Zu diesen Artikeln wird 1801 bemerkt: „Den Windmüllern werden die neuen Artikel samt dem, was mit den Wassermüllern vereinbart ist, genehmigt." Seitdem bezeichnen sich die Windmüller als Amt. 1814 behaupten die Windmüller, daß ihre Amtsrolle beim Brande der Mühle von Castendiek 1813 zugrunde gegangen sei. Es wird die Bestätigung der Artikel verfügt. Auf der Rückseite dieses Schriftstücks sind vier Artikel aufgezeichnet, die vielleicht ein Bruchstück einer Rolle darstellen sollen[4]. 1831 taucht zuerst der Verdacht auf, daß das Amt der Windmüller nicht zu Recht bestehe[5]. Doch wird die Sache nicht weiter verfolgt. Die Bezeichnung für

---

[1] 1735 erklärt der Senat auf eine Anfrage von Hannover, daß nur die Wassermüller in Bremen ein Amt hätten. S. 10 u. I b 2.

[2] S. 10 u. I b 2, g, III a. In den Artikeln wurde noch der Grundsatz der „Nahrung" vertreten. Es sollte in barem Gelde bezahlt werden. Das Abholen des Korns und das Hinbringen des Mehls war nicht statthaft. Zugaben waren verboten, nur zu Neujahr sollten die Dienstboten der Kunden 6 Gr. und wenn sie das Geld brachten, 1 Gr. vom Reichstaler haben. Kein Fremder, der seinen ersten Müller noch nicht bezahlt hatte, sollte von einem anderen etwas gemahlt bekommen. Vgl. Kap. 2.

[3] Die Schulortmühle befindet sich von 1699—1768 (?) im Besitz einiger Bäcker. S. 10 I ee, II c 6, III h 2. 1748: Vier Interessenten. Artikel 12—14, S. 10 I b 2.

[4] S. 10 u. I b 2.

[5] S. 10 u. I s.

den Verband der Windmüller schwankt. Bis 1822 bezeichnen sie ihn als Amt [1]; 1824 ist von dem Artikelbuch der Sozietät die Rede [2]. Von nun an wird er meist so bezeichnet. 1851 gehören die Windmüller nicht zu den Gewerben, die noch Innungen bilden sollen [3]. 1855 kommt noch die Sozietät vor [4].

Wie hat man sich also die Entstehung des Amts zu denken? Die Hauptschwierigkeit liegt darin, daß weder eine Amtsrolle erhalten ist, noch eine klare Privilegierung durch den Senat bezeugt ist. Beides legt den Verdacht nahe, daß eine wirkliche Rolle der Windmüller nie bestanden hat. Daß vier Artikel von 1814 der Rest einer alten Rolle sind, ist kaum anzunehmen, eher können sie einen Entwurf zu einer neuen Rolle darstellen [5]. Die Entwicklung dürfte etwa so zu denken sein: Die auf die von 1752 folgenden Vertragspunkte von 1754 wurden trotz ihrer Bezeichnung als Vereinbarung (Art. 10) für die Artikel der Windmüller ausgegeben und daran einige Zusätze angehängt, die nur die Windmüller betrafen. Diese Satzungen wurden 1801 als Artikel der Windmüller bestätigt. Daraufhin nannten diese sich von sich aus Amt. Da die unruhigen Zeiten das Interesse anderswohin lenkten, kam es zu keiner Nachprüfung. Als nach der Franzosenzeit die Zünfte neuerrichtet wurden, nutzten die Müller den Brand der Castendiekschen Mühle klug für ihre Zwecke aus. Sie konnten ja keine Zunftstatuten vorweisen, und ohne diese wäre ihnen wohl kein Verband bewilligt worden. Wären ihre Statuten tatsächlich auf der Mühle verbrannt, so hätten sie schon nicht locker gelassen, bis ihnen eine neue Rolle bewilligt worden wäre [6]. Es ist aber nach diesem einmaligen Versuch niemals wieder davon die Rede [7]. Die Artikel, die bestätigt wurden, waren keine anderen als die von 1801.

Die Jungmeisterschaft wechselte jährlich nach den Mühlen, der bisherige Jungmeister wurde im folgenden Jahre Altmeister [8]. Eine größere Bedeutung hat der Verband der

---

[1] 1814—22: Amt, S. 10 u. I m.

[2] S. 10 u. I b 2. Die Bezeichnung, die in Bremen eine Art loseren Verbandes bedeutet, war die passendere.

[3] Böhmert, Beiträge zur Geschichte des Zunftwesens. Leipzig 1862. S. 55.

[4] S. 10 u. I e.

[5] Diese Artikel bezogen sich auf die Beitrittspflicht, die Höhe des Aufnahmegeldes, die Vereidigung der Knechte, die Strafen bei versäumter Versammlung und die Pflicht der Annahme des Amtes eines Jung- und Altmeisters. In diesen Artikeln die neue (oder hergestellte) Zunftrolle sehen zu wollen, ist m. E. nicht angängig, da die ganze Art der Überlieferung (ohne Eingang und Unterschriften) dagegen spricht.

[6] Diese müßte jedenfalls vorhanden sein.

[7] Gerade dieser Umstand scheint mir für die Windmüller als am schwersten belastend.

[8] 1817 traf die Reihe der Jungmeisterschaft eine Mühle, die im

Windmüller nicht gewonnen. Außer den Nachrichten über die Vereidigung der neuen Müller und des Jungmeisters ist uns von seiner Tätigkeit nichts bekannt.

Zwölftes Kapitel.
Die ältesten Bremer Windmühlen [1].

Die ältesten Windmühlen Bremens, von denen wir Kunde haben, sind die Doventormühle und die Mühle vor dem Ansgaritor. Beide befanden sich im Besitze der Kaufmannschaft [2] (vgl. Kap. 1). Die Doventormühle ist auf allen alten Abbildungen der Stadt zu sehen, dagegen fehlt auf ihnen die Ansgaritormühle [3]. Das erklärt sich leicht daraus, daß die älteren vorhandenen Ansichten von der Weser aus genommen sind. Die hoch auf dem Doventore belegene Mühle sah über die Häuser hinweg, während die vor den Wällen liegende Ansgarimühle verdeckt wurde.

Diese, meist Schariesmühle genannt, wird 1551 zuerst genannt. Damals war sie abgebrannt und wurde nun neu errichtet. Der Neubau kostete 378 Bremer Mark. 1580 wurde sie zusammen mit der Doventormühle für 150 Mark jährlich auf 4 Jahre verpachtet. 1627 betrug die Pachtsumme für sie allein 120, 1636 bereits 135 Mark. 1645 brachte sie 80, 1655 100 und 1658 94 Rt. ein [4]. 1670 wurde die Mühle abgebrochen. Die Pachtsumme wurde vierteljährlich entrichtet, die Kündigung war halbjährlich. Seit 1645 verpflichteten sich die Elterleute ausdrücklich, für die größeren Reparaturen einzustehen (vgl. Kap. 7 für die Wassermüller).

Die Doventormühle kommt aktenmäßig zuerst in dem gemeinsamen Pachtvertrage (siehe oben) von 1580 vor. Bis 1620 wurde sie stets gemeinsam mit der Schariesmühle verpachtet [5]. Dann fand ein Neubau statt, der fast 840 Mark kostete, also über das Doppelte, was 1551 der Neubau der anderen Kaufmannsmühle gekostet hatte. Es ist allerdings dabei zu berücksichtigen, daß die Doventormühle auf dem Tor stand, der Bau daher mehr technische Schwierigkeiten

---

Besitz einer Witwe war; sie mußte sich einen anderen Müller als Stellvertreter beschaffen. S. 10 u. I m.

[1] Kap. 12 – 15 können infolge der lückenhaften Überlieferung nur eine Materialübersicht bieten.

[2] Das Material über die Kaufmannsmühlen stammt in der Hauptsache aus dem Schüttingarchiv: A. 11 a.

[3] Die Doventormühle befindet sich auf Abbildungen von 1539 (?), 1560/70 (etwa), 1574, 1594, 1604, 1632, 1664, 1690 und 1719. Stadtbibliothek und Staatsarchiv.

[4] 1675 wird bei der offiziellen Umrechnung die Mark = 36 Gr. gesetzt. S. 10 u. III b.

[5] 1600—1608: 150 Rt., 1609—1610: 155 Rt., 1611—1620: 160 Rt.

geboten haben wird als der einer anderen Mühle. Auch
weiterhin kostete sie viel Reparaturen. 1622 und 1626 wurden
bedeutende Aufwendungen für sie gemacht; 1647 wurde sogar mehr dafür ausgegeben, als der ganze Neubau gekostet
hatte. 1636 und 1640 betrug die Pacht 100, 1649: 120, und
1658: 110 Mark. 1667 wurde sie für 600 Rt. (mit 50 Rt.
Anzahlung) verkauft. Sie bestand noch in der ersten Hälfte
des 18. Jahrhunderts, wie die Ansichten zeigen.

Der Ertrag der Mühlen war am Anfang des 17. Jahrhunderts gering. Die Reineinnahme jeder Mühle in den
Jahren 1600—1620 läßt sich für die Kaufmannschaft auf durchschnittlich 22 Rt. jährlich berechnen. Dieser Betrag wird
während des großen Krieges vermutlich noch gesunken sein.
Es ist danach wohl zu verstehen, daß die Elterleute den
Mühlenbetrieb aufgaben[1].

Die Abbildung von 1594 zeigt noch eine Mühle vor dem
Stephanitor. Es wird das dieselbe sein wie diejenige, die
1638 als Mühle des Bürgermeisters Schlichting erwähnt wird[2].
Wie lange sie bestand, ist nicht festzustellen (vgl. Kap. 13).

1574 gibt es auch in der Neustadt bereits eine Mühle;
sie kommt jedoch urkundlich nicht vor[3].

Dreizehntes Kapitel.

Die übrigen Altstadtmühlen seit dem 17. Jahrhundert.

In der ersten Hälfte des 17. Jahrhunderts lagen die
städtischen Mühlen vor den Wällen. Ein Teil wurde dann
aus militärischen Gründen verlegt. Man fürchtete mit Recht,
daß Mühlenberge unmittelbar vor den Wällen die Verteidigung
der Stadt erschweren und einem Feinde leicht feste Stütz-
punkte gewähren konnten. Entweder verlegte man daher die
Mühle auf den Wall oder man bezog den Mühlenberg in die
Befestigung ein.

Von einer Reihe von Mühlen, die auf den Abbildungen
erscheinen, ist urkundlich nichts bezeugt; so zeigt eine Abbildung von 1640 drei Mühlen vor dem Ansgaritor; eine undatierte Ansicht des 18. Jahrhunderts verzeichnet drei Mühlen
vor dem Stephanitor, von denen jedenfalls eine aktenmäßig
nicht vorkommt. Auch sonst ist infolge mangelhafter Bezeichnungen manches unklar. Es ist bei der oft undeutlichen
Lagebezeichnung nicht mehr festzustellen, ob es sich gegebenen-
falls um dieselbe oder um eine neue Mühle handelt.

---

[1] S. 10 u. I o.
[2] S. 10 u. II b 9.
[3] Vgl. unten Kap. 14.

Aus der ersten Hälfte des 17. Jahrhunderts stammen noch
drei Mühlen. 1638 errichtete der ehemalige Bürgermeister
Dotzen neben der Schlichtingschen Mühle (vgl. Kap. 12) eine
zweite Mühle vor dem Stephanitor. Eine dieser Mühlen wurde
1665 aus militärischen Gründen in die Nähe des Abbentors
verlegt. Dort blieb sie bis 1856; dann wurde sie vom Staat
angekauft und beseitigt[1].

Auch vor dem Ostertor lag im Anfang des 17. Jahrhunderts eine Windmühle. Sie ist bereits auf der Abbildung
der Dilichschen Chronik von 1604 zu sehen[2]. 1624 ist sie im
Besitz eines Senators; bei seinem Tode verkaufen die Vor-
münder seiner Kinder die Mühle. 1630 brachten Angehörige
des Schusteramtes diese käuflich an sich, von denen sie 1706
an das Amt selbst überging. Die Schuster brauchten sie als
Lohmühle. Die Verwandlung in eine Kornmühle wurde
wiederholt abgelehnt. 1813 brannte sie bei der Beschießung
Bremens ab. Im folgenden Jahre beantragte das in Konkurs
befindliche Schusteramt eine staatliche Entschädigung[3].

Auch die Mühle auf dem Ostertorwall dürfte aus dem
Anfang des 17. Jahrhunderts stammen. Es scheint, als ob sie
1627 von draußen hierher verlegt wurde[4]. 1676 bestand sie
jedenfalls, wie ein Verkaufsbrief aus diesem Jahre bezeugt[5].
1712 wurde sie vom Amt der Lohmüller erworben, die sie
als Lohmühle gebrauchen wollten und es wohl auch bis 1717
taten. Damals wurde es ihnen untersagt[6]. 1766 erhielt die
Mühle einen Weizengang. 1768 ging sie in andere Hände
über, 1791 brannte sie ab. Der Platz wurde von der Stadt
angekauft[5].

Diese Ostertorwallmühle muß zugleich als die erste auf
dem alten Walle gerechnet sein. Auf sie folgt nämlich die
sogenannte mittlere Mühle auf dem alten Walle. Diese wurde
1630 errichtet, vermutlich als Roggenmühle. 1767 erhielt sie
einen Scheldegerstegang, und der Müller durfte dieses Mahlprodukt in kleinen Mengen verkaufen. 1825 brannte die
Mühle ab. 1832 wurde das Grundstück an Poppe verkauft,

---

[1] S. 10 u. II b 6 u. 9. Der Besitzer wünschte sie nach Gröpelingen
zu verlegen; er beklagt sich, daß der Zuschuß von 50 Rt. für die Verlegung zu gering sei. Er verweist auf die Abbruchskosten für die
Mühlen (?) der Elterleute. Der jetzige Standort des Kriegerdenkmals
scheint der alte Mühlenberg zu sein. Im 18. Jahrhundert wurde nach
den Abbildungen eine zweite Mühle dort errichtet, eine dritte ist nur
auf der oben erwähnten undatierten Zeichnung zu sehen. 1829 ist
noch eine vorhanden; diese bestand bis ins 20. Jahrhundert.

[2] Stadtbibliothek.

[3] S. 10 u. II a 2.

[4] S. 10 u. II b 4.

[5] S. 10 u. II b 1. Entweder lag sie etwa an dem Punkte, wo heute
die Ostertorstraße den Wall schneidet, oder am Olbus-Denkmal.

[6] Vgl. unten die dritte Mühle am alten Wall.

der sich weigerte, eine Windmühle darauf zu errichten [1]; er faßte offenbar schon die Erbauung einer Dampfmühle ins Auge. Vielleicht hoffte er leichter die Konzession dazu zu bekommen, wenn er schon im Besitz eines Mühlengrundstückes wäre [2].

Die dritte Mühle am alten Wall wurde 1677 konzessioniert. Sie muß dann bald abgebrannt oder sonstwie beseitigt sein [3]. 1690 stehen nach einer Abbildung nur zwei Mühlen auf dem alten Walle. 1696 ging der Platz in den Besitz einiger Lohmüller über. Eine neue Mühle wurde erst 1717 errichtet, als den Lohmüllern der Lohmühlenbetrieb auf der Ostertorwallmühle verboten war (siehe oben). Es ist aber zweifelhaft, ob die Mühle an derselben Stelle erbaut wurde [4]. Bis 1787 diente sie als Lohmühle, dann stand sie vier Jahre unbenutzt. 1791 kaufte sie Klaus Tramm, dem sie bald darauf abbrannte. Ob Brandstiftung durch den Müller vorlag, wie behauptet wurde, oder Blitzschlag die Ursache war, blieb unaufgeklärt. Tramm vermochte die Beschuldigung nur unvollkommen zu entkräften [5]. 1799 baute der Müller Castendiek eine neue Mühle auf diesem Platze. Bei der Beschießung von 1813 brannte sie ab [6]. Sie wurde neu aufgebaut und bestand noch bis in das Ende des 19. Jahrhunderts hinein [5].

Noch zweier Altstadtmühlen ist zu gedenken, die in der Nähe des Doventors lagen. Die eine lag im 17. Jahrhundert auf dem Doventorwall; sie wurde 1699 auf das Bollwerk am Ansgaritor verlegt, wo sie noch im 19. Jahrhundert stand. 1832 brannte sie ab, 1833 wurde sie neu errichtet [7]. Die andere Mühle wurde 1730 beim Doventor in der Sanddüne angelegt. Bis 1794 war sie nur Gerstenmühle, dann erhielt sie die Getreidemahlkonzession. Sie stand noch in der Mitte des 19. Jahrhunderts [8].

Zwischen der Alt- und Neustadt befand sich von der Mitte des 17. bis zur Mitte des 18. Jahrhunderts die Teerhofmühle; sie ist nur 1692 aktenmäßig bezeugt [9].

---

[1] S. 10 u. II b 2.
[2] S. 10 u. I i 13. Vgl. Kap. 16.
[3] S. 10 u. II b 4.
[4] Sie lag an der Bischofsnadel, heute Stadttheater.
[5] S. 10 u. II b 3. Pachtvertrag noch 1857, heute Spielplatz.
[6] Vgl. Kap. 11.
[7] S. 10 u. II b 5.
[8] S. 10 u. II b 7. 1841 und 1857 werden Erweiterungsbauten daran vorgenommen. Sie scheint an der Stelle der heutigen Doventormühle gelegen zu haben. Zwischen 1864 und 1868 wurde sie höher gelegt, wobei sich starke Unterbauten zeigten (Angabe des jetzigen Müllers).
[9] Abbildungen und S. 10 u. II c 8.

Vierzehntes Kapitel.

Die Neustadtmühlen.

Die ältesten urkundlichen Nachrichten über die Neustadtmühlen stammen aus dem Ausgang des 17. Jahrhunderts [1].
1692 wurde die Konzession für eine Walkmühle auf dem
Bollwerk Schulort erteilt. Die beiden Antragsteller, einer ist
ein Franzose, erhielten ein altes Wachthaus, das sie aber in
Zeiten der Not räumen sollten, und die Sanddüne, auf der
die Mühle errichtet werden sollte, unter demselben Vor-
behalt. 1699 kauften die Bäcker die Walkmühle und erreichten ihre Veränderung in eine Kornmühle. Sie setzten
einen Müller darauf ein. Den übrigen Müllern war die Konzession durchaus nicht recht; sie versuchten vergeblich den
Mahlbetrieb auf die Bäcker einzuschränken [2]. Diese scheinen
sie bis 1768 besessen zu haben, als sie der Müller Seemann
von der Steinwegmühle käuflich erwarb [3]. Ihm wurde die
Anlage eines Scheldegersteganges zugestanden. Noch 1825
befand sie sich in derselben Familie [4].

Für eine weitere Neustadtmühle wird 1699 die Konzession
erteilt, doch kommt es erst 1703 zur Errichtung, da die Antragsteller von 1699 das Geld dazu nicht zusammenbekommen
konnten. Das Privileg für diese Grütz- und Scheldegerste-
mühle auf dem Buntentorwall wurde immer nur auf Zeit erteilt, zuerst auf 10, später auf 15 Jahre. 1766 erhielt die
Mühle einen Weizengang, ob 1769 der Roggengang gewährt
wurde, ist unklar. 1841 ist ein Neubau bezeugt. 1852 wurde
die Anlage einer Dampfmaschine in der Mühle aus feuer-
polizeilichen Gründen nicht genehmigt [5].

Eine dritte Mühle stand im 18. Jahrhundert auf dem
Hohentorwall. Etwa 1778 brannte sie ab. Sie wurde erst
1792 wieder aufgebaut. 1813 ging sie abermals durch Feuer
zugrunde. 1814 wurde sie neu errichtet, 1826 bestand sie noch [6].

Außer diesen drei Mühlen bestanden noch eine ganze Anzahl
andere, wie aus den Abbildungen hervorgeht. Die Mühle auf
der Abbildung von 1574 wurde schon erwähnt (vgl. Kap. 12).
1604 gab es 4 Mühlen, bis zum Ausgang des 17. Jahrhunderts
ging die Zahl auf eine zurück (1690). 1719 und 1730 sind 2,
seit 1740 meist 4 und im 19. Jahrhundert 5 verzeichnet [7].

---

[1] Vgl. Kap. 11 Anm.
[2] 1726, S. 10 u. III h 1.
[3] 1772 ist von einem Pachtkontrakt auf 10 Jahre mit den Neustadt-
herren die Rede; der Zusammenhang ist nicht klar.
[4] S. 10 u. II c 6.
[5] S. 10 u. II c 5.
[6] S. 10 u. II c 3.
[7] Pläne und Abbildungen auf der Stadtbibliothek und dem Staatsarchiv. Zwei undatierte Abbildungen des 18. Jahrhunderts verzeichnen

Zu den Neustadtmühlen muß die Steinwegmühle vor dem Buntentor gerechnet werden. Über sie sind wir bei weitem am besten unterrichtet. Da sich nach dem großen Kriege ein Mangel an Mühlen im Bremer Landgebiet ergab, erbaute der Stadtbaumeister Hermann Ficke in den fünfziger Jahren des 18. Jahrhunderts eine holländische Mühle am Steinweg[1]. Die Landleute hatten bisher auf den oldenburgischen (dänischen) und den hannoverschen (schwedischen) Mühlen mahlen lassen. Die Platzfrage bot zunächst viele Schwierigkeiten, denn die Nachbarterritorien suchten mit allen Mitteln die Errichtung einer neuen Mühle zu hintertreiben[2]. Man wählte schließlich einen Platz, der einem gewissen Johann von Hasseln gehörte und ein Teil des diesem von der lateinischen Schule eingetanen Meierlandes war. Die Schule bekam jährlich einen, der Meier 8 Rt. Für das Privileg mußte Ficke 150 Rt. an die Stadt bezahlen. 1758 wurde der Platz gegen Zahlung von 30 Rt. etwas vergrößert. 1754 hatte Seemann die Mühle gepachtet. Er nutzte die günstige Lage der Mühle nach Kräften für den Mehlhandel aus (vgl. Kap. 5). 1768 pachtete ein anderer die Mühle; er durfte nur keinen Mehlhandel mehr treiben. Der Erbauer kam allmählich herunter; in den siebziger Jahren wurde er insolvent. 1776 war sein Sohn der Besitzer. Seine Witwe verkaufte 1797 die mit Hypotheken überlastete Mühle; ihr Sohn war dann Müller. Die letzte Nachricht stammt aus dem Jahre 1847. Der Mehlverkauf wird wieder betrieben. Ein Weizengang war niemals auf der Mühle vorhanden[1].

Fünfzehntes Kapitel.

Die Landmühlen[3].

Von den Landmühlen sind wir nur über diejenige von Oslebshausen näher unterrichtet. In der zweiten Hälfte des 17. Jahrhunderts scheint die Gegend von Gröpelingen und Oslebshausen sehr zur Errichtung einer Mühle begehrt gewesen zu sein. 1665 und 1668 werden Gesuche abgelehnt. 1677 versuchte der Müller aus Arbergen die Verlegung seiner Mühle dorthin durchzusetzen, jedoch vergeblich. Ein Bedürfnis muß aber doch wohl nicht länger zu bestreiten ge-

---

5 Mühlen. 1759 sind 4, 1779: 3 verzeichnet, was zu der Bemerkung über die dritte Neustadtmühle stimmt.

[1] S. 10 u. II a 4.

[2] Der Amtmann von Syke, der zuständige Oberamtmann und schließlich die Regierung in Hannover mischten sich ein. Erst nach der Erklärung, daß keine Zwangsmühle beabsichtigt sei und daß die Mühle so weit von der Straße gebaut würde, daß die Pferde nicht scheu würden, beruhigte man sich.

[3] Q. 2 B. 3 e.

wesen sein, denn 1691 hören wir plötzlich, daß die Stadt
dort eine Mühle errichtet hat und sie verpachten will. Die
Mühle wurde auf 5 Jahre zu jährlich 80 Rt., die in halbjährlichen Raten zu entrichten waren, verpachtet. Bezahlte
der Müller nicht, erlosch die Pacht. Zwei Bürger übernahmen
die Bürgschaft für den Pächter. Große Reparaturen trug die
Stadt, sofern sie nicht durch Unachtsamkeit des Müllers
hervorgerufen waren. 1696 wurde sie unter denselben Bedingungen zu 90 Rt. an denselben Pächter vergeben. Bis
1701 blieb die Mühle in derselben Hand. Der Müller zog
vor Ablauf seiner Pachtzeit aus; warum wissen wir nicht.
Sein Nachfolger verlängerte den Kontrakt zu den gleichen
Bedingungen auf ein Jahr. Nun scheint die Mühle rasch in
Verfall geraten zu sein. 1707, 1714 und 1716 wurde dringend
um notwendige Reparatur ersucht. Man versprach Nachprüfung. Man forderte auch die Bauern des Niederviehlandes
und des Werderlandes auf, dort mahlen zu lassen. Gründliche Abhilfe schaffte man scheinbar nicht, denn 1716 erwog
man eingehend, ob man nicht lieber die Mühle abbrechen und
dann neu aufbauen sollte. Die Mühle mußte also schon stark
verfallen sein, daß so umfangreiche Reparaturen nötig waren.
Nachdem man sich bei einem holländischen Mühlenbaumeister
eine Absage geholt hatte, beauftragte man den Baumeister
Ficke (siehe oben) mit der Instandsetzung. Diese hielt aber
nicht lange vor. 1720 konnte man zuerst keinen Pächter
mehr für sie finden und so wollte man sie verkaufen. Da
sich schließlich doch noch ein Müller fand, blieb die Stadt
einstweilen noch im Besitze der Mühle. Der Müller scheint
sich aber Unterschlagungen haben zuschulden kommen lassen;
vielleicht veranlaßte ihn dazu der schlechte Zustand der Mühle.
Denn 1730 erfahren wir plötzlich, daß der Müller festgesetzt
wird; eine Untersuchung der Mühle ergibt, daß diese nichts
mehr taugt. Nun wurde sie verkauft. Um einen höheren
Preis zu erzielen, stattete man sie mit allerlei Vorrechten
aus. Es ruhte auf dem Besitz keine Last als die Abgabe, die
dem Prediger und dem Schullehrer zukam. Von der Ein-
quartierungspflicht war sie frei; ferner sollte keine Mühle in
der Nachbarschaft erlaubt werden, das wichtigste Vorrecht
und zugleich dasjenige, dessen Gewährung man später mit
Grund tief bedauern sollte. Als Mahlgeld sollte höchstens der
16. Teil des Korns genommen werden. Auf Grund dieser
günstigen Bedingungen bekam man noch 1000 Rt. für eine
untaugliche Mühle. Die Maßregel richtet sich selbst.
    1788 brannte die Mühle ab[1]. Bis die Mühle wieder auf-
gebaut war, durften die Landleute von Mittelbühren kon-

---

[1] 1788 wird in der Bremer Zeitung zu einer Sammlung für den
Müller aufgefordert.

sumtionsfrei auf den städtischen Mühlen mahlen lassen[1]. 1822 versuchte man vergeblich dem Müller das Privileg, daß keine Mühle in der Nachbarschaft errichtet werden sollte, abzukaufen; erst 1833 gelang die Abfindung. Noch 1841 sträubte sich der Müller gegen die Errichtung einer Roßmühle. Er verlor seinen Prozeß in allen Instanzen. 1871 bestand die Mühle noch.

Über die übrigen Landmühlen ist wenig zu sagen. Im Anfang des 17. Jahrhunderts besaß das Bremer Landgebiet eine Wassermühle im Niederviehlande, die zwischen 1640 und 1678 von den Schweden niedergebrannt wurde[2]. Außerdem gab es damals nur noch die Windmühle zum Hodenberge im Hollerland[3]. Diese kommt noch 1777 aktenmäßig vor[3]. Im Hollerland gab es außerdem seit 1799 eine Windmühle in Borgfeld[4]. Alle anderen Bremer Landmühlen stammen aus dem 19. Jahrhundert. 1848 wurde eine Kornmühle in der Lehe[5], 1850 eine Getreidemühle in Arsten[6], 1851 eine solche in Woltmershausen errichtet[7]. In letzterer wurde, ebenso wie 1857 in der 1836 in Tenever im Hollerland errichteten Getreidemühle[8], ein Dampfbetrieb eingerichtet.

Vierter Abschnitt.
Die Dampfmüller.

Sechzehntes Kapitel.
Das Aufkommen der Dampfmühlen in Bremen[9].

Im Anfange des 19. Jahrhunderts drohte eine vollständige Umwälzung im Mühlenbetriebe. Im Dampf hatte man eine Betriebskraft gewonnen, die gleichmäßiger und produktiver arbeitete als Wind und Wasser. Das erste Gesuch um Anlegung einer Dampfmühle in Bremen stammt aus dem Jahre 1816. Die Wind- und Wassermüller wurden sofort aufmerksam auf die Gefahr, die ihnen drohte. Sie protestierten lebhaft gegen die Gewährung einer solchen Konzession, die 22 Familien schwer treffen würde. Erst 1833 findet sich ein zweites

---

[1] Vgl. Kap. 1. Das führte zu der gleichen Privilegierung auch der anderen bremischen Gebiete. Bitten um Aufhebung wurden 1794 und 1804 abschlägig beschieden. Q. 2 B. 3 e.

[2] Q. 6 B. II 7. Abbildungen konnten für das Folgende nicht herangezogen werden.

[3] S. 10 u. II a 4, Q. 3 B. 4 c.

[4] Q. 3 B. ee. Konzession von 1797.

[5] Q. 3 B. 9 r. Noch 1867 vorhanden.

[6] Q. 4 B. 2 x, Oberviehland.

[7] Q. 6 B. X 21, Niederviehland. Abgebrannt 1855.

[8] Q. 3 B. 17 I. Noch 1864 vorhanden.

[9] S. 10 u. I i 13.

Gesuch, das aber nicht genehmigt wurde, da der Platz, ein
altes Mühlengrundstück am alten Wall (vgl. Kap. 13) für ungeeignet angesehen wurde. Es dauert bis zum Jahre 1836,
bis die erste Konzession erteilt wird. Zweierlei ist an den
Konzessionsbedingungen interessant. Einmal wurde Rücksicht
auf die vorhandenen Müller genommen, indem nur die Mahl-
erlaubnis für Graupen und Weizen erteilt wurde, ferner daß
in Rücksicht auf die naheliegenden Bleichen die Verwendung
von Torf zur Feuerung gewünscht wurde. Die Steinkohlen-
feuerung durfte versucht werden. Sie führte sofort zu Unzuträglichkeiten, und da die Bestimmungen unklar gehalten
waren, entwickelten sich lange Streitigkeiten (bis 1868) daraus.
Natürlich mußte der Dampfmüller, um seine Mühle voll aus-
zunutzen, nach einer Erweiterung der lästigen Teilkonzession
streben. 1840 erlangte er die Erlaubnis zur Herstellung von
Schiffsbrot und zum Verkauf desselben nach auswärts, doch
wurde das Mahlen von Roggen und der Verkauf von Roggenmehl noch nicht gestattet.

1839 wurde die zweite Dampfmühlenkonzession erteilt mit
der Einschränkung, daß die Herstellung von Weizenmehl für
die Stadt nur vorab und unter gewissen Bedingungen statt habe.

Als 1850 für die dritte Dampfmühle Erlaubnis erteilt wurde,
regelte man die Ordnung für diese Betriebe gleichmäßig. Alle
drei Dampfmühlen durften Roggen und Malz mahlen und
Schiffsbrot herstellen. Werkführer und Knechte wurden einem
Eide unterworfen, genaue Buchführung gefordert und die Ab-
gaben nach der Verordnung von 1834 geregelt. Revision und
Aufhebung der Bestimmungen wurden dem Senate vorbehalten.
Eine vierte Dampfmühle kam 1858 dazu [1].

---

[1] Die drei ersten Dampfmüller waren (Reihenfolge zeitlich nach
Erteilung der Konzession): Christoff Poppe, Werderstr.; Gebrüder Nielsen,
Stephanitorbollwerk; Ernst Waltjen, Stephanitorkirchenweide.

Das Bäckergewerbe
in Bremen.

Vorbemerkung.

Über das Bremer Zunftwesen ist bislang nur eine größere
Arbeit vorhanden. Es ist die von Böhmert 1862 veröffentlichte Abhandlung, die, ausgehend von der Schusterzunft, zugleich auch im großen die Geschichte des Bremer Zunftwesens
geben will [1]. Von den Lebensmittelgewerben ist in ihr so
gut wie gar nicht die Rede. Die folgende Arbeit will die
Entwicklung des Bäckergewerbes von seinen Anfängen bis zur
Aufhebung der Zünfte im Jahre 1861 geben. Sie versucht
vor allem darzulegen, wie die Brotversorgung der Stadt in
diesem Zeitraum vor sich ging; sie will die aktenmäßig vorliegenden Tatsachen entwicklungsgeschichtlich erfassen. Der
Standpunkt des Verfassers ist also ein prinzipiell anderer als
der Böhmerts, der die Frage beantworten wollte, „inwieweit
die Zünfte wenigstens einige relative historische Berechtigung
hatten und den Bedürfnissen, der Bildungsstufe und den Verhältnissen früherer Jahrhunderte angemessen waren". Aber
noch auf einen anderen Unterschied muß gleich eingangs hingewiesen werden. Böhmert steht auf dem Standpunkt der
hofrechtlichen Herkunft der städtischen Handwerker. Der
Verfasser teilt diese Ansicht nicht, glaubt aber, daß sich diese
Frage nur auf Grund der Heranziehung sämtlicher auf die
Handwerker bezüglichen urkundlichen Nachrichten der älteren
Zeit für Bremen einigermaßen entscheiden lasse. Diese Untersuchung würde eine Arbeit für sich darstellen. So wird hier
von der Beantwortung dieses Punktes Abstand genommen
werden. Vorangeschickt sei zur Orientierung ein kurzer Abschnitt über die Rolle, die die Gewerbe in politischer Hinsicht
in Bremen spielten [2].

Die Zünfte Bremens entstanden bereits in der bischöf-
lichen Zeit [3]. Zu Ende des 13. Jahrhunderts, so dürfen wir
annehmen, hatten die wichtigsten Gewerbe bereits sämtlich

---

[1] V. Böhmert, Beiträge zur Geschichte des Zunftwesens, Leipzig
1862. Gekrönte Preisschrift der Fürstl. Jablonowskischen Gesellschaft
zu Leipzig.
[2] Dieser Exkurs folgt im wesentlichen der Bremischen Geschichte
von W. v. Bippen (3 Bände 1892—1904).
[3] Die Behauptung von 1652, daß die Ämter ihre Privilegien vom
Rate erhalten hätten, kann nicht dagegen angeführt werden, zumal sie
in einer Streitsache mit dem Vogt des Erzbischofs vertreten wird
(S. 2 u. I, 17). Die Privilegien werden am Ende des 13. Jahrhunderts für
die bestehenden Ämter neu erteilt sein.

ihre zünftischen Organisationen. Anteil an den Stadtgeschäften hatten sie damals ebensowenig wie die Kaufleute, die im Kollegium der Elterleute organisiert waren. Seit dem aus-gehenden 13. Jahrhundert erteilte der Rat die Privilegien: seitdem ist von dem Einflusse des Bischofs auf die Zünfte nicht mehr die Rede, wenn auch noch eine Abgabe (s. unten) bestehen blieb. Die neue Verfassung von 1303 (und den folgenden Jahren) gewährte den Handwerkern, die sich an der Vertreibung der Geschlechter beteiligt hatten, keine Vor-teile. 1330 finden wir in Bremen plötzlich den „großen Rat" vor; die Handwerker sind ratsfähig geworden, allerdings unter einer so starken Beschränkung, daß nur wenige tatsächlich in den Rat gelangen konnten. Die Aufnahme wurde an ein relativ großes Vermögen, an standesgemäße Lebensführung und an die Niederlegung des Handwerks geknüpft. So blieb der Rat trotzdem aristokratisch. Der große Rat, dessen Un-fähigkeit in der äußeren Politik sich bald erwies, wurde durch die Beschlüsse, die man 1333 über seine Ergänzung faßte, langsam wieder beseitigt. Kaum war dies in den fünfziger Jahren des 14. Jahrhunderts erreicht, als die Handwerker einen neuen Vorstoß unternahmen. Als der Rat und die mit ihm verbündete Kaufmannschaft eine Steuer zum Loskauf der in der Schlacht an der Aller gefangenen Ratsherren durch-setzen wollten, traten die Zünfte zur „granden Kumpanie" zusammen. Der Streit dauerte bis 1365. Ein Aufruhr bei Ver-kündigung des Schosses wurde blutig niedergeworfen. Die Aufrührer, unter denen sich viele Handwerker befanden, ent-flohen zumeist; die Rückkehr in die Stadt wurde ihnen ver-boten und ihre Güter konfisziert. Im folgenden Jahre kehrten die Vertriebenen mit Hilfe des Erzbischofs zurück, aber der neue vielköpfige Rat konnte eben wegen dieser Bundesgenossen-schaft in Bremen zu keinem Ansehen gelangen. Er machte noch in demselben Jahre dem alten Rate wieder Platz. Um vor ähnlichen Revolutionen gesichert zu sein, setzte der Rat 1366 den Zünften in den Morgensprachsherren eine Aufsichts-behörde. Auch wurde die Bestimmung, die die Handwerker ratsfähig machte, aus der Verfassung von 1330 gestrichen. Von den weiteren Wandlungen interessiert uns hier erst die Verfassung von 1428. Schon die Art ihres Zustandekommens offenbart ihren rein demokratischen Charakter, wurde sie doch auf Beschluß der Gemeinde unter Zustimmung des Rates er-lassen. Hier sind nun die Handwerker stark beteiligt; sie sitzen mit drei Mitgliedern in dem neunköpfigen Ausschuß, aus dem die halbjährlich durchs Los zu wählende Ratshälfte von sieben Mitgliedern hervorgeht. Der alte Rat, der bei der Einführung dieser Verfassung entwichen war, kehrte unter Vermittlung der Hanse zurück, als der neue Rat vergeblich um Autorität rang. 1433 wurde auf Grund der „Eintracht"

die demokratische Verfassung wieder beseitigt und die Lebens-
länglichkeit des Ratsherrnamtes wieder hergestellt. Auch an
der letzten großen Erhebung in Bremen sind die Handwerker
beteiligt. Der Aufstand von 1530 richtete sich gegen die
Vorherrschaft der Elterleute des Kaufmanns; er führte vorübergehend zur Herrschaft der 104 Männer; doch auch sie konnten
sich nicht behaupten. 1534 war auch diese Gefahr über-
wunden, die „neue Eintracht" besiegelte die politische Ohn-
macht der Handwerker.

Schon diese kurze Übersicht zeigt, daß die politische Be-
tätigung der Handwerker über die Bedeutung einer Episode
nicht hinauskam, allerdings einer solchen, die zur Charakteri-
sierung der Gesamtentwicklung unentbehrlich bleibt. Seit 1534
waren die Zünfte vollends auf ihre eigenen Angelegenheiten
beschränkt. Sie gingen nun ganz in ihren kleinlichen inneren
Streitigkeiten auf. Damit verloren sie die Einsicht in das
wirtschaftliche Gesamtleben der Stadt. Die Wünsche, die sie
an den Senat brachten, zeigen den engsten Gesichtskreis.
Aber ihre große wirtschaftliche Bedeutung im Produktions-
prozeß der Stadt machte sie doch zu einem der wichtigsten
Glieder des städtischen Gemeinwesens und ihre Verhältnisse
erforderten, auch als politische Wünsche in diesem Kreise
schon lange keine Rolle mehr spielten, die eingehende Berücksichtigung der Regierung. Bei den Bäckern war das in ganz
besonderem Maße der Fall, konnte doch eine Brotteuerung
das Stadtregiment in arge Gefahr bringen! So war der Einfluß
der Handwerker auf die städtische Wirtschaftspolitik nur
noch indirekt vorhanden. Wohl wurde ihr Augenmerk im
Laufe der Entwicklung von der politischen Seite auf die
wirtschaftliche, das Feld ihrer eigentlichen Tätigkeit, ge-
lenkt, aber mangelnde Einsicht in die Lage und der fehlende
Einfluß auf die gesetzlichen Maßnahmen verhinderten eine
gedeihliche Fortentwicklung, die ohne Bruch allmählich von
der Stufe zünftischer Gebundenheit zur Gewerbefreiheit geführt hätte.

Erster Abschnitt.

Die Brotversorgung Bremens im allgemeinen.

Erstes Kapitel.

Die Gliederung des Bäckergewerbes.

Im Anfange städtischer Entwicklung stellt in der Hauptsache jeder Bürger in seinem Hause die Menge Brot her, die
er für seinen Haushalt benötigt. Neben dieser Hausproduktion
entwickelt sich aus bescheidenen Anfängen heraus der hand-

werksmäßige Bäckereibetrieb; zunächst nur ergänzend, bildet
er bald ein wichtiges Glied in der Nahrungsmittelversorgung
der Stadt. So wird sich auch in Bremen die ursprüngliche
Entwicklung vollzogen haben, wenn wir auch hier diese Stufe
quellenmäßig nicht nachzuweisen vermögen. Das nächste Ziel
der berufsmäßigen Bäcker ist die Erreichung einer Organisation. Wann die Bremer Bäcker ein Amt erhielten, wissen
wir nicht. Ob sie 1246, als sie zuerst erwähnt werden, schon
organisiert waren, ist nicht klar zu ersehen[1], immerhin wohl
anzunehmen. Jedenfalls besaßen sie am Ausgange des 13. Jahrhunderts eine Zunft[2].

Für den Gang der Entwicklung sind die wechselnden
Bezeichnungen, die die Amtsbäcker führen, äußerst charakteristisch. In dem (angeblichen) Vertrage des Erzbischofs
Hildebold mit der Stadt Bremen (1259) werden sie als „Kleen-
bäcker" bezeichnet[3]. Da Kleenbrot aber ein Brot aus gebeuteltem Roggenmehl war[4], so werden wir als erstes Produkt
und Vertriebsobjekt der Amtsbäcker das Roggenbrot anzusehen haben, und zwar in einer besseren Sorte, als sie die
Haushaltungen selbst herzustellen vermochten. Daneben wird
frühzeitig Brot aus Weizenmehl hergestellt sein. Wann das
in bedeutenderem Maße geschah, ist nicht festzustellen. Jedenfalls scheint am Anfange des 15. Jahrhunderts Roggen- und
Weizenbrot von den Amtsbäckern in einigermaßen gleich-
großer Menge fabriziert zu sein, da die Statuten von 1433
von den Bäckern den gleichen Vorrat von Roggen und Weizen
fordern[5]. Auch die Backtaxe von 1559 enthält eine Tabelle
des Roggen- und des Weizenpreises[6]. Da die Amtsbäcker
damals die Feilbäcker schlechthin waren, so hatte man keine
genaue Benennung nötig. Daher reden die Statuten von
1303, 1428 und 1433, sowie die kundigen Rollen von 1450
und 1489 nur einfach von Bäckern[7]. Im Laufe des 16. Jahrhunderts ändert sich das Bild. In der Herstellung des Grau-
brots begann man von der Hausproduktion zum Backen für
den Verkauf überzugehen. Die Behauptung von Post[8], daß
die Grobbäcker erst 1583 das Recht erhielten, zu feilem Kaufe
zu backen, scheint mir einer Einschränkung zu bedürfen. Eine

---

[1] Br. Ub. I, 234.
[2] Br. Ub. I, 363. Schusterprivileg von 1274. Die Fischer- und
Lohgerberamtsrollen stammen von 1305.
[3] Br. Ub. I, 299. Über den Bedeutungswandel des Wortes s.
gleich unten.
[4] Brem. niederd. Wb. Bd. 2, 1767.
[5] Oelrichs, Sammlung Bremer Gesetze, 1771.
[6] Bremer Staatsarchiv, S. 2 u. I, 13 a.
[7] Oelrichs, a. a. O.
[8] Post, Abhandlung über den Brotpreis, 1798, S. 2 u. I, 13 b. 1583
wird wohl nur ein bereits geübtes Recht offiziell anerkannt.

Notiz von 1578[1] deutet wenigstens hinsichtlich der gelegentlichen Ausübung dieses Berufes auf den Anfang des Jahrhunderts hin. Damals betreiben arme Witwen und Schiffer,
„wenn die Fahrt mißlinget", dieses Gewerbe. Diese Leute
sind nicht vermögend genug, sich einen eigenen Backofen
anzuschaffen; sie lassen noch bei den Amtsbäckern den Teig
gar machen. Die offizielle Bezeichnung wurde nun genauer.
Man unterschied die Grobbäcker von den Klein-[2] und Weißbäckern. Diese Gegenüberstellung findet sich zuerst 1578;
die Backordnung von 1591 macht dann denselben Unterschied,
der von nun an bestehen bleibt[3]. Hatten im 16. Jahrhundert
sich noch Weiß- und Grobbäcker in die Herstellung des
Roggenbrotes geteilt, so trat im 17. Jahrhundert eine Scheidung
ein. Die Weißbäcker gaben die Herstellung des Roggenbrotes
nun fast ganz auf[4]. Beide Richtungen des Gewerbes standen
sich schroff gegenüber. Als die Vornehmeren fühlten sich
die zünftisch organisierten Weißbäcker[5]. Die Grobbäcker
brachten es nicht zur Errichtung eines Amtes[6]. 1650 gründeten
sie eine Sterbekasse[7]; 1743 erlangten sie eine Sozietät[8]. Die

---

[1] 1578, S. 2 u. II, m 1. In dieser Beschwerde der Grobbäcker gegen
die Weißbäcker wird früherer Regelungen gedacht, die 11 oder 12 und
30 Jahre zurückliegen sollen. Danach sind den Grobbäckern die
Roggenbrote zu 1, 2 und 3 Gr. zur alleinigen Herstellung überlassen
worden. — Die Ausdrucksweise der kundigen Rolle von 1489 ist unklar.
Man kann zweifelhaft sein, ob sich der letzte Satz auf das vorher-
genannte Graubrotbacken bezieht (vgl. S. 57 Anm. 7): „(Ock enscholet
se nyn twyback backen), noch ock nemande umme gelt backen ane
demgennen, dar se mede in hure sittet."
[2] Kleinbäckerei bedeutet nun etwas anderes. 1607 scheint man
besondere Brotarten darunter zu verstehen. Das Bäckeramt protestiert
gegen die Herstellung dieses Gebäcks durch die beiden Klavenbäcker
(S. 2 u. I, 7). 1835 wird darunter alles Brot, das nicht unter Taxe steht,
begriffen (S. 2 u. I, 2 a 1).
[3] 1591, S. 2 u. I, 1; Kleinbäcker und Grobbäcker; ebenso 1650 ebendort; 1635, S. 2 u. I, 6: Verzeichnis der Lehrknaben: „ditte is der Witt-
beckere Amtssegel", auf einem Stempel; 1655, S. 2 u. I, 1: Weißbäcker-
amtsrolle; 1686, S. 2 u. I, 10: Weiß- oder Kleinbäckeramt.
[4] Sie backten noch Schönbrot, das aus Roggen und Weizen hergestellt wurde; doch wurde schon am Beginn des 18. Jahrh. die Verwendung von Roggenmehl bei dieser Brotsorte stark beschränkt.
1741, S. 2 u. II, m 1, die Weißbäcker beanspruchen infolge der schlechten
Zeiten die in Vergessenheit geratene Berechtigung zum Graubrotbacken. In demselben Jahre (S. 2 u. II, d 1) erreichen die Grobbäcker,
daß den Weißbrotbäckern die Herstellung des Graubrotes völlig verboten wird. Der Senat behält sich die Wiedergewährung der Erlaubnis vor. [1783, S. 2 u. II, m 1. Ein Weißbäcker will sich durch Grobbacken erst die Mittel verdienen, um sich als Weißbäcker selbständig
machen zu können; er wird unter besonderen Vorsichtsmaßregeln in
die Sozietät (s. unten) aufgenommen.
[5] Eine noch heute im Bremer Bäckergewerbe spürbare Differenzierung.
[6] S. 2 u. II, a 1. Noch 1853 wird eine derartige Bitte abgeschlagen.
[7] S. 2 u. II, b.
[8] S. 2 u. II, a 2.

Sterbekasse wurde 1824, die Sozietät 1867 aufgelöst[1]. Das Weißbäckeramt bestand bis 1864[2].

In die Stellung, die ursprünglich die Grobbäcker eingenommen hatten, rückten im 17. Jahrhundert die Mehlhöker ein. Sie brachten den Teig zum Garmachen den Grobbäckern, wie diese einst den Weißbäckern. Auch sie buken zuerst nur gelegentlich in Zeiten der Not, und ihr Abnehmerkreis bestand ebenfalls nur aus der ärmeren Bevölkerung, der sie selbst angehörten. 1624 gelang es ihnen, ein gegen sie erlassenes Verbot rückgängig zu machen; auch 1630 beläßt man sie bei ihrer Nahrung. Dann muß die Brothökerei stark zugenommen haben[3]. 1654 wenden sich die Grobbäcker energisch gegen den Verkauf der Mehlhöker und erreichen ein Verbot[4]. Spätere Verbote zeigen, daß dieser Vertrieb schwerlich jemals ganz geruht hat[5].

So bildete sich in Bremen innerhalb einer Stadt ein Unterschied heraus, wie er in ähnlicher Weise sonst in getrennten Gebieten bestand. Die Scheidung in Weiß- und Grobbäcker entsprach etwa der in Los- und Fastbäcker, wie sie anderen Orts üblich war. Obersachsen und Süddeutschland war das Gebiet der Losbäcker, während in Norddeutschland und den nordischen Staaten das Fastbrotbacken Brauch war[6]. Aus Streitigkeiten am Ausgang des 17. Jahrhunderts in Bremen scheint hervorzugehen[7], daß über den Inhalt dieser Begriffe dort nicht völlige Klarheit herrschte. Die Weißbäcker bezeichneten ihr Weißbrot als Losbrot, während die Klabenbäcker eine besondere von ihnen hergestellte Brotsorte so nannten. Die Verwirrung wurde noch größer, als man sich gewöhnte, das von den Franzosen im Laufe des 17. Jahrhunderts eingeführte, mit Milch bereitete Brot Losbrot zu nennen[8]. Das Amt ging bald von seiner Backart, das Weiß-

---

[1] S. 2 u. II, b. Die Benennungen werden nicht scharf geschieden, daher ist hier manches unklar. S. auch unten.

[2] S. 2 u. I, 1. Die Gewerbeprivilegien wurden 1861 aufgehoben. Vgl. Kap. 7.

[3] 1630: 17, 1653; 38 Unterschriften der Höker. S. 2 u. II, m 1.

[4] Die Grobbäcker lassen feststellen, daß „Grobbacken", nicht „Grobbacken lassen" bürgerliche Nahrung ist. Das Verbot richtet sich stets nur gegen den Vertrieb von Brot, das der Verkäufer nicht selbst hergestellt hat, so 1656, S. 2 u. I, 12 a.

[5] 1653, 56, 1700, S. 2 u. II, a 1; 1654, 56, 69, 1700, 55; 1844, Verbote der Brothökerei; über die Vorstädte vgl. Kap. 6, 1.

[6] Vgl. Krünitz, Ökonomisch-technologische Enzyklopädie, 1782 ff. Bd. 3, S. 340. Er behauptet die Vereinigung beider Gewerbeberichtungen für einige Reichsstädte Norddeutschlands, ohne die Namen zu nennen. — Ferner 1774, S. 2 u. I, 7: Los- und Fastbrotbacken in Dänemark, Schweden, Preußen, Polen und Rußland. 1833, S. 2 u. I, 5. Noch 1833 will man keinen Gesellen nehmen, der aus Städten kommt, in denen Weiß- und Graubrotbacken von einem Meister geübt wird. Vgl. Kap. 6. 3.

[7] 1696, S. 2 u. I, 7.

[8] 1686, S. 2 u. I, 10.

brot mit Wasser anzusetzen, zu dieser neuen Methode über, zumal die Mehrkosten an Milch reichlich durch größere Schwere aufgewogen wurden.

Neben den Weiß- und Grobbäckern gab es in Bremen seit 1637 ein Amt der Kuchenbäcker, das aber zahlenmäßig nur schwach besetzt war[1] und naturgemäß in der Nahrungs- mittelversorgung der Stadt eine geringe Rolle spielte. In älterer Zeit wird der geringe Bedarf durch Hausproduktion, der größere zu Festzeiten auf den Märkten durch fremde Bäcker gedeckt sein[2]. Das Kuchenbäckeramt bestand bis 1861[3].

Besondere Konzessionen wurden vereinzelt für ausgesiebtes oder Sauerbrot erteilt[4]. Außerdem kommt (im 17./18. Jahr- hundert?) eine Brotbäckerei am Kornhause vor, durch die die bremische „Soldatesque" versorgt wurde[5].

In bescheidenem Maße beteiligten sich auch auswärtige Bäcker an der Brotversorgung Bremens. Besonders waren es Bäcker aus Verden und Nienburg, aus Wildeshausen und Delmenhorst[6].

Zweites Kapitel.

Zahl und Herkunft der Bremer Bäcker.

Über die zahlenmäßige Besetzung des Weißbäckeramts in der ältesten Zeit erfahren wir nichts. Die erste Angabe stammt aus dem Jahre 1451; gelegentlich der Erneuerung der geistlichen Bruderschaft werden acht Meister erwähnt[7]. Es wird wohl anzunehmen sein, daß sich an dieser Vereinigung alle Meister des Bäckeramtes beteiligten. Dann wird 1652 bei dem Streit über die Entrichtung der Wolfspfennige[8] mit- geteilt, daß es in Bremen von 1619—24 23 Weißbäcker und

---

[1] Durchschnittlich 4—6 Mitglieder, s. auch unten.

[2] Oelrichs, Kund. Rolle von 1489, Art. 198: Jeder darf an Fest- tagen nur Kuchen in seinem Hause verkaufen. Art. 197 spricht von Kucheneisen des Rats (de rades ysern). Nur diese sollten von den Bürgern benutzt werden.

[3] S. 2 u. III, 1.

[4] S. 2 u. I, 8. Die erste Konzession wurde 1661 erteilt; sie blieb bis 1776 in derselben Familie. Später übten zwei Bürger diese Tätig- keit. 1661, 98, 1732, 65, 76. Bewilligungen wurden außerdem erteilt: 1739, 1803, 10, 19, 21, 23, 24, 31, 32, 42, 46, 48, 52. Abgelehnt wurde: 1745, 71, 1803, 23, 24, 25, 26, 27, 41, 44, 48, 50, 54, 58.

[5] Ein Eid des von der Stadt über das Kornhaus gesetzten Meisters ist nicht datiert. Das Mehl wurde ihm zugewogen; von dem her- gestellten Brot durfte er auch für sich selbst verbrauchen, doch mußte er das Quantum notieren. Eine entsprechende Summe wurde ihm vom Lohn abgezogen, S. 2 u. II, a 1.

[6] Vgl. Kap. 6, 4.

[7] S. 2 u. I, 7. S. Kap. 3.

[8] S. Kap. 5.

einen Klabenbäcker gegeben habe[1]. Aus einem Verzeichnis
der in den Jahren 1608—1751[2] in das Amt aufgenommenen
Lehrknaben läßt sich für die ganze Zeit ein Steigen der
Durchschnittszahl der Eingetretenen feststellen[3]. Wir werden
auch für die Meister eine Zunahme der Zahl annehmen dürfen.
Schätzungsweise können wir für das 16. Jahrhundert etwa
20 Weißbäcker annehmen. Da 1767 als Anzahl 36 überliefert
wird, hätten wir seit 1600 ein Ansteigen bis auf diese Zahl
anzunehmen. 1783 erreichen wir die Höchstzahl 47, dann
geht es herab bis auf die niedrigste Angabe von 31 in den
Jahren 1800, 1802 und 1803. Damals setzt das Amt als
höchste Mitgliedzahl 40 fest, die aber schon im folgenden
Jahre auf 38 ermäßigt wird[4]. Diese Zahl bleibt bis zur Einführung der Gewerbefreiheit etwa dieselbe.

Anders verläuft die Entwicklung bei den Grobbäckern.
Die erste Überlieferung vom Jahre 1700 gibt als Zahl 25 an[5].
Sie bleibt bis in die Mitte der 70er Jahre maßgebend. Dann
folgt bis zum Jahre 1787 ein Wachsen bis auf 35. 1796 wird
die gleiche Zahl mit den Weißbäckern, nämlich 36, erreicht.
1807 sind es 40. In der Franzosenzeit (1812) wird jede
Gruppe auf 43 festgesetzt, was vielleicht annähernd dem Bedürfnis entsprach. Für Weißbäcker scheint die Zahl etwas
hoch gegriffen gewesen zu sein, da sie sich nach 1813 nicht
in dieser Höhe hält. Bei den Grobbäckern erfolgt bis 1821
zunächst ein Steigen, dann in den zwanziger Jahren ein Ab-
flauen; darauf findet in den dreißiger Jahren ein langsames,
in den vierziger bis sechziger Jahren dagegen ein schnelleres
Ansteigen statt[6].

Vergleichen wir beide Reihen miteinander, so erscheint
die im Anfange geringe Zahl der Grobbäcker auffällig. Sie
erklärt sich aber leicht daraus, daß hierunter nur die für den
Verkauf herstellenden Grobbäcker begriffen sind. Es gab also

---

[1] S. 2 u. I, 17. Gewerbe, die nicht durch die Hausproduktion der
Bürger eine Ergänzung fanden, waren zahlreicher; so gab es (nach
Böhmert S. 41) 1636 80 Schuster in Bremen.

[2] S. 2 u. I, 6. Ein Blatt enthält auch Eintragungen aus den Jahren
1584—96; die Vollständigkeit muß bezweifelt werden.

[3] 1600—1650: 7, 1651—1700: 9, 1701—51: 11. Je mehr Lehrknaben
eintraten, um so schlechter war, nach der Zahl der weggelaufenen zu
schließen, die Behandlung.

[4] Gelegentliche Erwähnungen: S. 2 u. I, 1, 2 a 1, 2 c, 13 b, 17, 19 a:
S. 2 u. II, a 4, d 1, h, k, m 2; D. 20 d 13 a—d; R. 3 B. 4 b. — 1792 S. 2 u. I, 18:
Gelegentlich der Verhandlungen über die Reparierung des Brothauses
findet sich eine Zusammenstellung der bisher dafür entrichteten Beträge. 1657—69 sind 24 Gr. für die Person bezahlt worden, und zwar
im ganzen 9 Rt. 8 Gr, bis 10 Rt. 48 Gr. Das ergibt eine Zahl von
27—32 Bäckern für diese Zeit.

[5] S. 2 u. II m 2. Die Grobbäcker beklagen sich, daß nur 15 von 25
in der Sozietät (= Sterbekasse) seien.

[6] R. 3 B. 4 f 4, 1821: 46, 1829: 42, 1840: 47, 1859: 51, 1861: 56, 1866: 66.

bis ins ausgehende 18. Jahrhundert noch viele Haushaltungen in Bremen, die ihr Roggenbrot selbst herstellten. Der Rückgang des Weißbrotkonsums hatte seinen Grund in den unruhigen und teueren Zeiten. Durch die Gewerbeordnung von 1851 trat eine Änderung in der zahlenmäßigen Besetzung ein. Die Zahl der Bäcker sollte sich nun nach der Einwohnerzahl Bremens richten und zwar sollten auf 1200 Einwohner 1 Weiß- und 1 Grobbäcker kommen[1].

Die Zahl der Kuchenbäcker blieb stets gering. Am Anfang des 17. Jahrhunderts gab es nur einen in Bremen[2]. Bei der Gründung des Amtes 1637 waren 4 vorhanden. 1640 wird die Höchstzahl 9 überliefert. 1656 sind es nur 5. Diese Zahl wird in der ersten Hälfte des 18. Jahrhunderts nicht einmal mehr erreicht. Erst 1750 und 1767 sind wieder 6, 1778—85 nur 3[3] vorhanden, im 19. Jahrhundert sind es durchweg 4.

Woher stammten nun die Bremer Bäcker? Die Weiß-bäcker beriefen sich gerne auf ihr nahes Verhältnis zu den nordischen Städten, weil die gleiche Organisation sie mit diesen Gemeinden verband[5]. Ob aber viele Bremer Meister dorther stammten, muß wohl bezweifelt werden. Von der Herkunft der Gesellen wissen wir nichts, aber über den Geburtsort der Lehrknaben sind wir ziemlich gut unterrichtet. Von ihnen stammt in der Zeit von 1608—1751 kein einziger aus den nordischen Städten[6]. Auch die benachbarten großen Städte sind kaum beteiligt; aus Hamburg stammt keiner, aus Hannover einer. Die meisten stammen aus den angrenzenden hannoverschen, oldenburgischen und westfälischen Gebieten. Voran steht Herford, das die Bremer Beteiligung noch übertrifft (85 : 81). Bedeutend war auch der Zuzug aus Wildeshausen (31) und Petershagen (24)[7]. Seit 1700 beginnen auch andere Orte hervorzutreten, so Bielefeld, Osnabrück und Delmenhorst. Dieses und Wildeshausen stellt nach 1720 viele Lehrknaben; an die Stelle von Bielefeld und Osnabrück treten Bramsche und Minden. Die Kuchenbäcker waren wohl meist Fremde, die Grobbäcker Einheimische, wie die ganze Art dieser Gewerbezweige wahrscheinlich macht.

---

[1] Gewerbeordnung § 38. Man richtete sich aber nicht genau danach. 1857 gab es für 60000 Einw. 46 Weißbäcker.
[2] 1619—24, S. 2 u. I, 17.
[3] R. 3 B. 4 b.
[4] 1774, S. 2 u. I, 7.
[5] S. oben S. 40 Anm. 6.
[6] Verzeichnis der Lehrknaben, S. 2 u. I, 6.
[7] bei Herford.

Drittes Kapitel.

Das Bekenntnis.

Mit der mittelalterlichen Zunft war untrennbar die Pflege des kirchlichen Sinnes der Mitglieder verbunden. 1451 erneuerten die Bäcker ihre 1426 gestiftete geistliche Bruderschaft mit den geistlichen und weltlichen Brüdern des Predigerordens vom Kloster zu St. Katharinen. Es werden zwei Werkmeister, offenbar der Alt- und der Jungmeister (siehe unten), 6 Meister und die Knechte als Vertragschließende aufgeführt. Am Dienstag nach St. Michael wird eine feierliche Messe mit Opfer in Gegenwart der Bäcker gehalten. Am Montag nach dem Tode eines Mitgliedes wird abends Vigilie und morgens darauf Messe gehalten. Jeder Bäcker erhält ein Grab im Kloster wie ein Bruder vom Orden. Alle Woche sollen vor dem Altar des hl. Michael zwei Messen für die Lebendigen und die Toten gelesen werden[1].

Jm Zeitalter der Reformation ging Bremen vom lutherischen zum reformierten Bekenntnisse über[2]. Sowohl die Weißbäcker als auch die Kuchenbäcker gehörten ihm an, von der Mehrzahl der Grobbäcker wird man es stillschweigend anzunehmen haben[3]. Die Zünfte standen dem lutherischen und dem katholischen gleich unduldsam gegenüber. Andersgläubige wurden nach Möglichkeit nicht aufgenommen. Wenn ein Weißbäcker eine Lutheranerin heiratete, mußte er einen Revers unterschreiben, daß die Kinder reformiert getauft und erzogen werden sollten. Als die Kuchenbäcker, um ihr Amt nicht eingehen lassen zu müssen, 1725 notgezwungen einen Lutheraner aufnehmen, muß er sich verpflichten, eine Reformierte zu heiraten, anderenfalls würden seine Nachkommen nicht des Vorrechts der Anverwandten (siehe unten) teilhaftig[4].

Viertes Kapitel.

Die Preistaxen.

1. Die Taxen im allgemeinen.

Die Preistaxen sind ein Produkt der mittelalterlichen Gewerbeordnung und nur aus dieser heraus richtig zu würdigen.

---

[1] S. 2 u. I, 1 u. 7. 1450 schließen die Schuhmacher eine Bruderschaft mit dem Deutschorden (vgl. Böhmert, S. 14).
[2] Vgl. v. Bippen a. a. O.
[3] Der Nikolaische Kirchenstreit. Bremer Jahrbuch XI S. 58 ff. (1880). Auch die Amtsfischer, Fleischer, Tonnenmacher und Baumseidenmacher waren ausschließlich reformiert.
[4] S. 2 u. III, 2. Der Rat erzwingt die Aufnahme. 1736 kommt der Bruder ins Amt; damit ist fast die Hälfte des Amts (s. unten) lutherisch. 1743 wird ein dritter Bruder als Freimeister zugelassen (s. unten).

Die Handwerker hatten die Verpflichtung, ihre Gemeinde mit
guter Ware zu versorgen. Die Taxen sind nun gewisser-
maßen die Definition, was unter guter Qualität zu verstehen
ist. Der Stadtherr, die Stadt oder ihre Beauftragten mußten
eine Norm haben, nach der die Beurteilung der handwerk-
mäßigen Produkte vorgenommen werden konnte. Zugleich
aber wirkten die Taxen in doppelter Hinsicht als Vorsichtsmaßregel; dieser Gesichtspunkt war später der maßgebende.
Man wollte die einseitige Preissetzung der Handwerker und
die damit leicht verbundene Übervorteilung des Publikums
verhindern. So wurde der Konsument geschützt. Den
Produzenten aber sicherte man einen auskömmlichen Verdienst dadurch, daß man die Konkurrenz möglichst ausschaltete.
Die sinngemäße Durchführung dieser Grundsätze war aber an
enge städtische Verhältnisse gebunden, die eine genaue
Kontrolle ermöglichten. Doch selbst dann war die Durchführung schwierig, wenn nicht das sittliche Moment der
Handwerkerehre [1] hinzutrat, die in den Zünften eine Pflege-
stätte fand. Man hielt auf gute Ware; man faßte seinen
Beruf als ein Amt auf, das man zum Wohle des Gemeinwesens zu führen moralisch verpflichtet war. Als das Ver-
antwortungsgefühl schwand, griff auch eine andere Ansicht
über die Taxen Platz. Man vergaß, daß sie auch zur Sicherung
auskömmlicher Nahrungsverhältnisse unter den Handwerkern
geschaffen waren; man sah vielmehr in ihnen nur die Zwangs-
einrichtung, die zwar nicht beseitigt werden konnte, die aber
doch so umgestaltet werden mußte, daß sie höheren Verdienst
möglich machte. Also auch der Gedanke der Fürsorge für
den Konsumenten trat zurück. Dieses Gewinnstreben der
Handwerker hatte für sie selbst in der Folge den Nachteil,
daß der Staat sich meist einseitig auf den Standpunkt des
Konsumenten stellte und aus den Anträgen der Zünfte
— gewiß oft mit Recht — vor allem den Wunsch nach
Steigerung des Einkommens heraushörte. Darin hatten die
Regierungen allerdings recht, daß sie sich nicht von den
moralischen Betrachtungen der Bittschriften beeinflussen
ließen, die mit den alten sittlichen Grundsätzen der Zunft
nur noch einige äußere Ähnlichkeit hatten. Dagegen ist aber
auch zu sagen, daß manche Taxe länger bestand als die Grund-
lagen, auf denen sie aufgebaut war, in Geltung waren.
    Wenn in Bremen das Festhalten an den alten Taxen be-
sonders zähe war, so hatte das verschiedene Gründe. Wir
dürfen uns hier nicht auf den konservativen Sinn der Bremer
allein berufen. Im 18. Jahrhundert begann man an der

---

[1] Über eine andere Seite der Handwerkerehre, die sich auf die
Fernhaltung von Personen, die aus unehrlichen Gewerben stammten,
bezog, finden sich in Bäckerakten keine besonderen Belege. (Für die
Schuster vgl. Böhmert, S. 19.)

wirtschaftlichen Berechtigung der Zünfte überhaupt zu zweifeln;
etwa um dieselbe Zeit wurde man sich über die Schwierigkeit der Einführung einer befriedigenden Taxe klar[1]. Man
mußte einsehen, daß man Produzenten und Konsumenten in
gleicher Weise nicht zufriedenstellen würde. Es dämmerte
die Erkenntnis, daß eine schlechthin gerechte Taxe ein Ding
der Unmöglichkeit sei. An eine Aufhebung wagte man nicht
zu denken, man hätte zugleich die Beseitigung der Zünfte,
mit denen diese Einrichtung eng verwachsen war, verfügen
müssen. Dazu fand man aber erst recht nicht den Mut. Das
Beispiel Preußens konnte hier nicht wirken, denn die Be-
völkerungsschicht, die in den Zünften organisiert war, war
mit ihrem Anhang in Bremen immerhin so bedeutend, daß
man ihre Wirtschaftsverfassung ohne schwere innere Ver-
wicklungen nicht aufzuheben hoffen konnte. Die Verhandlungen über die Brottaxe in den Jahren 1795—98, 1847—48
und 1854—57 zeigen die ungebrochene Entwicklungslinie zur
Gewerbefreiheit, deren Verkündigung 1861 die Zeit der
zünftischen Gebundenheit des Handwerks abschloß.

2. Die Entwicklung der Bremer Brottaxen bis 1795.

Die Bremer Brottaxen bauen sich auf dem Grundsatze
auf, daß bei festen Brotpreisen sich das Gewicht des Back-
werks nach dem jeweiligen Getreidepreise zu richten habe,
und zwar sollte es um so geringer sein, je höher der Getreidepreis war. Schon einige der ersten Verordnungen[2] für die
Bäcker enthalten die Bestimmung, daß „na der tyd" zu
backen sei, d. h. daß die Bäcker die Schwere des Brotes dem
jedesmaligen Getreidepreise anzupassen hätten. Das zur Zeit
gültige Brotgewicht wurde durch Anschlag am Markte oder
durch Verkündigung von den Kanzeln bekannt gegeben. Es
scheint, als ob ursprünglich die Änderung nicht an bestimmten
Terminen erfolgt sei, sondern nur, wenn eine bedeutende
Preisschwankung hierzu Anlaß gab[3]. Aus diesen einzelnen

---

[1] Wenn Böhmert (S. 33 ff) von einer liberalen Strömung im
Rate spricht, die schon 1624 die Aufhebung der Zünfte erstrebt habe,
so kann es sich hierbei sicher nur um eine vereinzelte, schnell vorübergehende Anwandlung handeln. Die Akten des 18. Jahrhunderts zeigen
jedenfalls keine Spur mehr davon. Im Gegenteil, überall tritt die
große Scheu zutage, zu ändern. Auch die Ablehnung der Zulassung
neuer Zünfte entsprach durchaus dem Wunsche der Erhaltung des bestehenden Zustandes. Auch die Aussonderung der Neustadt von dem
zünftischen Wirkungskreis wird m. E. falsch gedeutet. Vor allem wird
übersehen, daß es sich hier nur um eine vorübergehende Maßregel
handelt (vgl. Kap. 6, 1).
[2] Oelrichs, Statuten von 1303: N. 69. Strafe besonders hoch,
3 Mark. Kundige Rollen von 1450, Art. 118, und 1489, Art. 188.
[3] 1591, S. 2. u. I, 1. Nach dieser Backordnung stand den vier Verordneten das Recht zu, bei großer Preissteigerung oder Minderung auf dem
Markte oder von den Kanzeln den neuen Brotpreis verkünden zu lassen.

Taxen entwickeln sich die Backtabellen, die für eine ganze
Reihe von Getreidepreisen das Brotgewicht enthalten. Sie
kommen bereits im 16. Jahrhundert vor.

Nun wird die jedesmalige Verkündigung allmählich ent-
behrlich. Seit dem 17. Jahrhundert hatte man an der Akzise
und Konsumtionskammer eine Tafel, auf der das Gewicht der
Brotsorten angegeben war; daneben war eine Skala der
Getreidepreise angebracht. Das zur Zeit geltende Gewicht
wurde durch einen Pflock (Sticken) kenntlich gemacht (ge-
steckt, gestochen). Seit 1614 geschah das an jedem Montag
durch den Mäkeler[1]. Bis 1796 war dies die einzige Ver-
kündigungsart, dann kam die Veröffentlichung in den Wöchentlichen Nachrichten dazu.

Die erste Tabelle von 1536 bezieht sich nur auf das Gewicht von einem Zweischwarenbrot (aus Roggen?), wenn der
Scheffel 12 Grote bis 1 Gulden kostet. Eine längere Tabelle
von 1559 verzeichnet das Gewicht für ein Einschwarenbrot,
wenn der Scheffel Weizen 32—64 Grote und für ein Zweischwarenbrot, wenn der Scheffel Roggen 12—54 Grote kostet[2].
Im 15. und 16. Jahrhundert bestanden neben diesen Tabellen
die einzelnen Taxen weiter, die das Gewicht, nicht aber den
Getreidepreis, nach dem es bestimmt war, enthielten. Von
ihnen sind eine ganze Reihe aus den Jahren 1583—95 im
Original überliefert[3]. Aus ihnen läßt sich zwar nicht der
genaue Getreidepreis ersehen, wohl aber die Schwankung.
Daß diese bedeutend war, erhellt aus dem erheblichen Ge-
wichtsunterschied für die gleichen Brotsorten. In diesen
Taxen ist die vorgeschriebene Schwere von Weizen-, Roggen-
und Schönbrot für im ganzen 9 bzw. 10 Brotsorten verzeichnet.

Nicht alle Sorten unterlagen der Taxe; so war Zwieback
frei[4]; 1803 wird eine Taxe für ihn aufgestellt, aber nicht eingeführt. Kringel und kleine Wecken fielen im 16. Jahrhundert

---

[1] S. 2 u. I, 13 a. 1736 gibt es zwei Mäkler. Ihr Gehalt beträgt halbjährlich 3 Rt. Außerdem erhalten sie 3 Grote für jede Last. Seit 1736
bekommen sie auch offiziell 6 Grote, nachdem ihnen die Kaufleute
schon vorher freiwillig (?) so viel gegeben haben. — 1650 S. 2 u. I, 1.

[2] S. 2 u. I, 13 a. Die ältesten Taxen liegen leider nur in Abschrift
vor. Diejenige von 1536 stammt sicher aus dem 15. Jahrhundert. Sie
befindet sich im Ratsdenkelbuch, Eintragung vor 1450.

[3] S. 2 u. I, 13 a. Die Taxen sind erhalten für folgende Jahre (Anzahl
in Klammern): 1583 (3), 84 (2), 85 (5), 86 (2), 87 (2), 88 (1), 89 (1), 91 (2),
94 (1), 95 (1). Dazu acht undatierte, von denen nach Maßgabe der auf-
geführten Brotsorten drei nach 1586 anzusetzen sind, da sie das Drei-
grotenbrot erwähnen.

[4] S. 2 u. I, 13 a. 1742. Vier doppelte Zwiebäcke werden drei Zungen
gleichgesetzt. 1803 wird das Backen der Zwiebäcke nach der Taxe
für technisch unmöglich erklärt. S. 2 u. I, 2 a 1. 1730, 1817, S. 2 u. II, d 2.
Die Spint- und halben Viertelbrote werden verboten.

Übersicht über Brotsorten und höchste Getreidepreise der Taxen.

	I.																						II.[2]		
	Roggenbrot										Weizenbrot							Schönbrot				Höchste Getreidepreise, für die die Taxe gilt, in Reichstalern		
	Schware				Groten						Schware			Groten				Schw.	Groten				die Taxe gilt		Roggen und Weizen
Jahr	2	4	6	8	1	2	3	4	6	12	1	1½	2	1	1½	2	3	2	1½	2	3	Roggen	Weizen	
1536	*																							
1559	*																							
1583/95		*		*	*	*	*³					*										80	100	180
1614					*	*	*	*					*					*		*					
1622					*	*	*³	*				*						*		*		110	120	230
1627								*				*	*									110	120	230
1629							*		*¹						*	*				*				
1633						*		*	*¹	*		*	*	*	*	*	*		*	*	*·	110	130 (?)	230
1642					*			*	*	*			*	*		*				*	*			
1650					*	*		*	*	*		*	*	*	*	*	*		*	*	*	110	120 (?)	
1700					*	*		*	*	*		*		*	*					*		120	130	
1736									*	*		*	*	*⁴	*							120	200	240
1757						*		*	*	*			*	*									260	
1765														*								250	260	
1795																						256	325	
1800																						256	325	
1854																								

¹ Auch zu 5, 7, 8, 9 Gr.
² Die drei Kolumnen von I und II entsprechen einander.
³ Seit 1586 auch zu 3 Gr.; das Vier- und Achtschwarenbrot fällt seit 1594 fort.
⁴ Und Loosbrot zu 1 und 2 Gr.

unter die Taxe, später nicht mehr[1]. Für die Kuchenbäcker
gab es überhaupt keine obrigkeitliche Taxe. Ein undatiertes
Aktenstück (1743?) berichtet von der Vereinbarung einer
Taxe zwischen dem Kuchenbäckeramt und einem Freimeister[2].
Das 17. Jahrhundert bringt neue Taxen. Diejenige von
1627 bleibt weiterhin maßgebend. Erweiterungen finden erst
im 18. Jahrhundert statt. Überblicken wir diese Taxen ins-
gesamt, so fällt zweierlei auf, einmal verschwinden die billigen
Brotsorten und teurere kommen an ihre Stelle, andererseits
steigt die obere Grenze der Getreidepreise, für die die
Tabelle gilt.

Die Schwarenroggenbrote kommen schon am Ende des
16. Jahrhunderts, die Schwarenschönbrote am Anfang des 17.
und die Schwarenbrote von Weizen erst nach der Mitte des
18. Jahrhunderts in Wegfall. Auch die Herausbildung be-
vorzugter Sorten ist aus den Tabellen ersichtlich.

Seit dem Beginn des 18. Jahrhunderts wird das Schönbrot nur aus Weizen gebacken; infolgedessen wird es schon
1700 den Zungen (einer Weißbrotsorte) im Gewichte gleichgesetzt. 1711 erreichen die Bäcker, daß hierüber eine Bemerkung in die Tabelle aufgenommen wird, da der neue
Kämmerer Schwierigkeiten macht[3]. 1742 haben wir die erste
Bestimmung über das von den Franzosen eingeführte Losbrot;
es darf ein Lot leichter gebacken werden als die Zungen[4].
Da es erst 1753 unter Taxe gestellt wird, erscheint es zuerst
in der Tabelle von 1757. Dort wie auch 1765 und 1800 ist
es ein Lot leichter als das Gewicht der Zungen und Schönbrote von 1 Groten[5]. Als 1736 wegen des Neubaus der
Weserbrücke auf 6 Jahre eine doppelte Konsumtion erhoben
wird, dürfen die Zungen, Los- und Schönbrote sogar 2 Lot
leichter gebacken werden[6].

Ferner veranschaulichen die Tabellen das Steigen der
Getreidepreise. Die alten Aufstellungen bedurften beständig
der Ergänzung, da sie für die hohen Preise oft nicht mehr
ausreichten. Man bekümmerte sich im 18. Jahrhundert aber

---

[1] S. 2 u. I, 13 a. Nach Post. Sonst nur: 15..? Klage des Amts,
daß die Kringel und kleinen Wecken nicht nach der Taxe gebacken
werden können.
[2] S. 2 u. III, 2. Das Pfund Pfeffernüsse soll 5 Gr. (an Höker 4½),
Kanelnüsse 8 Gr., Zuckernüsse 16 Gr. kosten. Die Hökerkuchen sollen
bei 10 Rt. Strafe nicht unter 4½ Loth wiegen. Auf dieselbe Art
suchten die Schuster 1600 die Konkurrenz eines Freimeisters illusorisch
zu machen (Böhmert, S. 31).
[3] S. 2 u. I, 13 a. 1699 liegt ein Antrag betr. Aufhebung der Schön-
brottaxe vor, da diese Brotsorte nicht mehr halb aus Roggen- und
Weizenmehl, sondern ganz aus letzterem gebacken werde. 1753: Schönbrot = Zunge D. 20 d 13 a—d.
[4] S. 2 u. I, 13 a.
[5] S. 2 u. I, 1.
[6] 1742, S. 2 u. I, 13 a: Losbrot ½ Lot leichter als Zungen.

nicht mehr um die Grundsätze, die die Basis für die früheren
Taxen abgegeben hatten. Waren diese auf Grund praktischer
Versuche gewonnen, [1] so verfuhr man nun nach Gutdünken.
So war der Zusatz von 1736 für die Bäcker ungünstig, da
sie das Brot bei höherem Preise nicht in demselben Maße
leichter backen durften wie früher. Auch der erste Teil des
Zusatzes von 1756 (bis zum Getreidepreis von 140 Rt.) war
für die Bäcker ungünstig während die weitere Fortsetzung
(bis 200 Rt.) sehr zu ihren Gunsten ausfiel [2]. Da sich aber
der Weizenpreis in der zweiten Hälfte des 18. Jahrhunderts
meistens in der Höhe von 140 Rt. an aufwärts bewegte, so
durften die Bäcker erheblich leichteres Brot backen, als es
ihnen bei richtiger Fortsetzung der alten Tabelle erlaubt gewesen wäre [3]. Allerdings werden die Bäcker selbst wenig
Vorteil davon verspürt haben, da gleichzeitig die Unkosten
enorm stiegen. Außerdem daß Feuerung und Arbeitslohn im
Preise in die Höhe gingen, war damals auch viel unterwertiges
Geld im Umlauf.

Entsprechend der teuerern Lebenshaltung mußte auch der
den Bäckern zugebilligte Gewinn steigen. 1536, 1559 und
1578 müssen sie noch mit 4 Gr. vom Scheffel zufrieden sein [4];
1628 wurde der Gewinn auf 24 Gr. erhöht [5]. 1640 und 1642
erklären sie, daß sie mit 25 bzw. 35 Rt. für die Last für
Unkosten und Gewinn nicht auskommen könnten. Doch war
die Klage wohl stark übertrieben, denn 1650 werden ihnen
erst 30 Rt. zugebilligt [6]. Die falsche Ergänzung der Taxen
mußte einen Gewinn von sehr verschiedener Höhe zur Folge
haben. Gildemeister stellt 1795 in einem für die Brottaxe-
kommission geschriebenen Bericht fest, daß nach den in Gebrauch befindlichen Taxen der Bäcker bei einem Weizenpreise
von 120 Rt. und weniger nicht bestehen könne, daß er dagegen bei einem solchen von 170 Rt. und mehr sehr wohl
auskommen könne. Es wird angenommen, daß jährlich von
einem Bäcker 20 Last verbacken werden [7].

Die wirtschaftliche Not nach dem dreißigjährigen Kriege,
die für Bremen noch durch zwei Belagerungen sowie durch
in der Nähe geführte Kriege verstärkt wurde, zwang ge-
bieterisch zu einer Neuordnung der Taxen [8]. 1665 gewährte

---

[1] 1614, D. 20, d 13 a.
[2] S. 2 u. 1, 13 a.
[3] D. 20 d 13 a—d. Die Zungen und die Losbrote waren bei 200 Rt.
schon so leicht, wie sie es bei 235 Rt. erst sein durften.
[4] Vielleicht schon vor 1420 (vgl. Kap. 4, 2). S. 2 u. I, 13 a, S. 2 u. II, d 1.
[5] S. 2 u. II, d 1.
[6] Nach Post: 40 Rt. 1642, S. 2 u. I, 12a, 35—40 Rt. beschlossen.
[7] S. 2 u. I, 13 a. Die Annahme ist als Durchschnitt zu hoch.
[8] 1632, S. 2 u. I, 2 a 1. Vor 1632 sind viele Amtsbäcker in die Neustadt gezogen, ein Zeichen, daß der Absatz in der Altstadt zurück-
gegangen war.

der Rat dem Bäckeramte auf seinen Wunsch die Ver-
günstigung, daß der Getreidepreis nicht mehr nach dem Verkauf von den Schiffen, sondern von dem Kornboden zu be-
stimmen sei[1]. Das war insofern ein Vorteil, als das trockene
Getreide (vom Boden) höher bezahlt wurde. Die Bäcker
durften also leichter backen, als wenn für sie der Preis vom
Schiffe aus maßgebend gewesen wäre. Doch scheint dieser
Vorteil nicht ausreichend gewesen zu sein, denn 1683 wendet
sich das Amt wieder an den Rat, daß es bei der damals
gültigen Brottaxe nicht bestehen könne. Da man eine Um-
arbeitung der ganzen Tabelle für zu schwierig hielt, verfiel
man auf einen anderen Ausweg, wodurch man ohne Änderung
der Tabelle zugleich der wechselnden Konjunktur Rechnung
zu tragen hoffte. Man bat zunächst um Zugrundelegung eines
höheren Getreidepreises, als tatsächlich gezahlt worden war.
Der Rat entsprach der Bitte[2]. Die Differenz zwischen dem
wirklichen und dem angenommenen Getreidepreis nannte man
Spielung. Man hatte damit von nun an ein bequemes Mittel
an der Hand, in Zeiten der Not den Bäckern entgegenzukommen.
Sogleich wurde der „Weizensticken" um 10 Rt. höher ge-
steckt. Bis 1759 blieb dieser Sticken auf Grund eines alle
5 Jahr gefaßten Beschlusses in Kraft[3]. 1762 wird er für
8 Monate auf 25 Rt. heraufgesetzt, 1763 steht er wieder auf
12 Rt[4]. Als dann 1764 der Weizenpreis auf 70 Rt. herab-
ging, sah das Amt sich außerstande, bei dem alten Tarife
seine Rechnung zu finden. Da vom Senat scheinbar keine
schnelle Hilfe zu erwarten stand, half das Amt sich mit einem
drastischen Mittel selbst. Es kaufte neben dem billigen
Weizen eine geringe Quantität zu sehr teuerem Preise und
ließ nach letzterem den Sticken stecken. Nun hören plötzlich
alle Klagen der Bäcker auf; hinzu kam, daß der Weizenpreis
stieg und der günstigere Teil der Taxe dadurch wieder in
Kraft gesetzt wurde. Erst 1791, als Unordnungen bei den
Mäkelern, die das Stickenstechen besorgten, vorfallen, wird
wieder eine Untersuchungskommission eingesetzt, die jedoch
zu keiner Verhandlung kommt[5]. Nun wäre sicher noch lange

---

[1] S. 2 u. I, 13 a, Antrag schon 1655.

[2] S. 2 u. 1, 13 a, zuerst wurde die Bitte abschlägig entschieden. Es
ist anzunehmen, daß es sich um etwas ganz Neues handelte, da vorher
sich auch nicht die leiseste Andeutung findet. Auch anderswo ist mir
derartiges nicht bekannt.

[3] Die Grobbäcker erhielten den Sticken für Roggen zuerst 1705,
und zwar eine Spielung von 5 Rt. Sie bleibt sicher bis 1788. S. 2 u. II d 1.
— Auch 1795 und 1805 scheint dieser Sticken gültig gewesen zu sein,
Erhöhungen auf 10 Rt. werden abgelehnt. 1806: 15 Rt. S. 2 u. II, d 2.

[4] S. 2 u. I, 13 a, seit 1763 galt die Spielung von 12 Rt. wohl stillschweigend.

[5] Später entschuldigt man etwas eigentümlich die Untätigkeit der
Kommission damit, daß ein Mitglied gestorben und eines Bürgermeister
geworden sei.

nichts erfolgt, wenn nicht plötzlich die Weizenpreise höher
hinaufgegangen wären als die Taxe reichte. So wurde 1795
ein staatliches Eingreifen nötig[1].

3. Die Neuordnung von 1795.

1795 wurde nun zuerst die Frage der Brottaxen einer
genauen Untersuchung unterzogen[2]. Die im Archiv vorhandenen Materialien wurden eingehend geprüft. Das theo-
retische Ergebnis dieser Bemühungen ist die Abhandlung des
Senators Dr. Post über die Entwicklung der Bremer Back-
taxen[3]. Aber auch eine ganze Reihe praktischer Erfolge hat
die Kommission aufzuweisen. Zuerst wird, um der ärmeren
Bevölkerung zu Hilfe zu kommen, der Verkauf von Roggen
zu 105 Rt. und seit dem Dezember zu 145 Rt. am Kornhause
unter besonderen Vorsichtsmaßregeln eingeführt. Man suchte
dabei zu verhindern, daß Getreide- und Mehlhändler mit dem
billigen Korn Privatgeschäfte machten[4]. Mit Bestimmungen
über den Weizenverkauf zögerte man noch, da Weißbrot kein
Volksnahrungsmittel sei. Man wartete erst die Beschwerde
des Weißbäckeramtes ab; diese erfolgte dann auch wirklich.
Nun ist man ernstlich bestrebt, eine Neuordnung der Taxen
vorzunehmen. Da aber einerseits erst Erfahrungen gesammelt
werden müssen, wie sich die grundlegenden Faktoren, die
zur Preisbildung führen, verhalten, andererseits die Sache
doch dringend ist, so erweitert man die bestehende Taxe zunächst bis zum Weizenpreis von 260 Rt.[5]. Der Interimstaxe
werden die Berechnungen zugrunde gelegt, die ein Bremer
Lehrer im Auftrage der Kommission über die den alten Taxen
zugrunde liegenden Faktoren ausgeführt hat. Inbetreff der

---

[1] Über die Erweiterungen der Taxe vgl. die Tabelle. Dem Amt
entstanden bedeutende Unkosten dabei. So wird für die Zeit von
1736–67 für Sublizieren und Ausrechnen der Brottaxen 420 Rt. 8 Gr.
verausgabt (S. 2 u. I, 1).

[2] 1795, Weizenpreise: Jan. 130, Febr. 150, März 160, April 170.
Mai 200, Herbst 200 Rt. Roggenpreise: Jan. 110, Febr. 140, März 150,
April 160, Mai 170, Juni 190, August 200 Rt.

[3] 1798, S. 2 u. I, 13 b. Ihm stand noch mehr Material zur Verfügung,
als heute vorhanden.

[4] S. 2 u. II, d 2. Dieses Korn sollte nur zu Hausbrot verarbeitet
werden und außerdem dem Verbrauch für Fremde und Schiffer dienen.
Das Brot mußte einen doppelten Stempel tragen. Als besondere
Vorsichtsmaßregel führte man bald einen Empfangsschein ein. Die
Menge Korn und der Name des empfangenden Bürgers wurde notiert.
1796 wurden diese Teuerungsbestimmungen wieder außer Kraft gesetzt.
Ganz ähnliche Maßnahmen finden sich 1806. Damals bestimmte man
auch (ähnlich wie in der Ordnung von 1591), daß der Sticken bei einer
Preisdifferenz von 20 Rt. sofort geändert werden sollte. Das war natür-
lich nur für die von Vorteil, die keine Vorräte von teuer gekauftem
Korn mehr besaßen.

[5] 1795, S. 2 u. II, h. Man stellt fest, wieviel Vorrat jeder Grobbäcker
noch hat.

Spielung wird als Norm 12 Rt. anerkannt, und um die alte
Taxe brauchbar zu machen, für die Weizenpreise von 120,
130, 140 und 150 Rt. entsprechend eine Zuschlagspielung von
8, 6, 4 und 2 Rt. bewilligt[1]. Sofort protestiert das Amt gegen
die Interimstaxe; es erreicht, daß eine neue Untersuchung
stattfindet[2]. Außerdem wird für ein Jahr eine Spielung von
25 gewährt[3]. Der wichtigste Beschluß der Kommission aber
war die Einsetzung eines ständigen Ausschusses von vier
Kaufleuten aus dem Senate, an deren Spitze der Konsumtions-
direktor stehen sollte. Er hatte die Aufgabe, die Bestimmungen
den jeweiligen Umständen anzupassen. Aus den Listen des
Schlachtschreibers und der Mäkeler konnte er sich jederzeit
über Menge und Preis des gehandelten Getreides orientieren[4].
Für den Sticken sollte der Durchschnittspreis des letzten
Monats maßgebend sein, und zwar sollte er vom Sack besten Sand-
roggen (= 116 Pfund) und besten Celler Weizen (= 120 Pfund)
verstanden sein. So hoffte die Kommission imstande zu sein,
einer drohenden Teuerung sogleich vorzubeugen. Zu einer
völligen Neuordnung der Taxe hatte man sich also auch diesmal nicht entschlossen[5].

4. Die Verhandlungen im 19. Jahrhundert.

Die Untersuchungen der Kommission gehen weiter, ohne
von nun an noch zu positiven Ergebnissen zu führen[6]. Eine
im Jahre 1847 beginnende Verhandlung kommt infolge der
Ereignisse des folgenden Jahres zu keinem Resultat[7]. Die

---

[1] S. 2 u. I, 13 b. Der Bremer Lehrer Lange von der Schule zu
St. Stephan kommt zu dem Ergebnis, daß die alte Tabelle sowohl ungenau als auch inkonsequent ist. Die Anzahl der Pfunde Brot, die
aus einer Last gebacken werden sollen, erhält man nach ihm durch
Multiplikation der Summe von dem Preis einer Last, Unkosten und
Backlohn mit dem Lotgewicht einer Zweigrotenzunge. Hierzu ist noch
ein Achtel des gewonnenen Produkts zu addieren. Auch das Bäckeramt
wendet sich an diese schätzenswerte, mathematische Kraft und läßt
sich eine Taxe mit 100 Rt. Backlohn ausrechnen. Der Senat denkt
natürlich nicht daran, sie zu genehmigen.

[2] S. 2 u. I, 13 b. Die Bäcker, die zwar eine Reihe Unrichtigkeiten
nachweisen können, sind selbst in ihrer Darstellung ungenau. Auch
stellen sie jedenfalls ihre Lage schlechter dar.

[3] Die Grobbäcker erhalten eine Spielung von 10 Rt.

[4] 1831, S. 2 u. I, 16. Im 19. Jahrhundert sind diese Listen käuflich
bei den Konsumtionsschreibern zu haben. 1831 wird die Beschwerde
einiger Weißbäcker darüber abgewiesen.

[5] Die erwähnte Zusatzspielung ist eine organische Weiterbildung
der einfachen Spielung. In beiden Fällen weicht man einer neuen
Aufstellung der Brottaxe aus.

[6] S. 2 u. I, 13 b. Gildemeister schlägt 1799 zwei Mittel vor, um die
Not der Bäcker zu heben: 1. die Beschränkung der Zahl und 2. die
Abschaffung des unnötigen Milchzusatzes zum Brot. Der Vorschlag
wird nicht weiter verfolgt. — Untersuchung auch 1808.

[7] D. 20 d 13 a. Übersandt wurde der Kommission ein Aufsatz von
Thudichum in der Zeitschrift für die landwirtschaftlichen Vereine des

letzte gründliche Untersuchung über die Taxen stammt aus
den Jahren 1854—57; sie kommt zu einem rein negativen
Ergebnis. Man empfiehlt die Aufhebung der Taxe, da man
die Unmöglichkeit, eine einigermaßen richtige zu schaffen,
einsieht. Wir geben das wichtigste aus der eingehenden Begründung wieder, da sie eine gute Zusammenfassung des bisher Entwickelten bietet[1].

Alle bisherigen Untersuchungen, so führt der Bericht aus,
auch die gründlichsten von 1795 und 1847 führten zu keinen
bestimmten Vorschlägen, wie eine Neuordnung der Brottaxe
ermöglicht werden könne. Dieses Ergebnis hatte seine Ursache
in den außerordentlichen Schwierigkeiten, die sich der Ge-
winnung eines festen Ausgangspunktes für eine solche Aufstellung entgegenstellten. Die Grundfragen sind eben nicht
mit Sicherheit zu lösen. Es kommt dabei auf vier grund-
legende Faktoren an. Es muß festgestellt werden, wieviel
Mehl, Grand und Kleie aus einer Last gewonnen werden
können, wieviel Brot dem Gewichte nach daraus gebacken
werden kann, wie hoch sich die Unkosten belaufen, um eine
Last Korn in Brot zu verwandeln und endlich, wieviel dem
Bäcker als Gewinn zuzugestehen ist. Zur Klärung der ersten
beiden Fragen ist bei der Verschiedenartigkeit des Ergebnisses
durch Proben kein brauchbarer Durchschnitt zu gewinnen.
Die Höhe der Unkosten schwankt nach der Zeit und der verbackenen Menge stark. Die Höhe des zuzubilligenden Ge-
winns läßt sich selbst bei Berücksichtigung des verbackenen
Quantums nicht einwandsfrei angeben. Aber selbst wenn alle
diese Vorfragen richtig gelöst wären, würde die Durchführung
dieser Taxe doch nicht möglich sein, da eine Kontrolle sich
nur auf die äußeren Eigenschaften des Brotes beziehen, also
niemals gründlich sein könnte. Dazu kommt ferner, daß die
gleichmäßige Herstellung eines bestimmten Brotgewichtes
auch bei dem guten Willen der Bäcker auf erhebliche Schwierigkeiten stoßen mußte[2]. Für Bremen aber konnte der Gewinn,
den man von einer neuen Taxe doch erwartete, gar nicht
einmal besonders groß sein, da außer dem Roggenbrot nur
das Losbrot taxpflichtig war. Die Weißbrotzungen kamen
ihres geringen Quantums wegen kaum mehr in Betracht[3].

Großherzogtums Hessen (1856), der die Polizeitaxen, insbesondere die
Hessens behandelt. Dort wurde die Aufhebung der Taxen mit der
der Zünfte verquickt. Der Verfasser will als Anhänger der Gewerbefreiheit durch Übersendung der Schrift mit auf die Aufhebung hin-
wirken.

[1] S. die vorige Anmerkung.
[2] Das wurde bis dahin stets verkannt. Man schob das falsche
Gewicht auf die Unehrlichkeit und Gewinnsucht der Bäcker; es soll
damit nicht bestritten werden, daß sie oft genug der Grund gewesen
sein mag.
[3] Der Gedanke, andere Brotsorten unter Taxe zu stellen, wurde
gar nicht erwogen.

Die Kommission schlug also die Aufhebung der Taxe vor; die Bäcker sollten einzeln jeder monatlich eine Tabelle aufstellen, die die Polizeibehörde veröffentlichte. An diese Taxe war der betreffende Bäcker für den Monat gebunden. Das Publikum konnte dann seinen Bedarf dort decken, wo es das seinem Geschmack am besten zusagende Brot fand. Ganz ohne Taxe glaubte man also doch nicht auskommen zu können. Für das Roggenbrot schlug man ein feststehendes Gewicht vor. Es sollten etwa nur Brote von 2, 4, 8 und 16 Pfund verkauft werden dürfen. Der Preis sollte monatlich von den Grobbäckern bekanntgegeben werden. Wir haben in diesem Vorschlag also das genaue Gegenteil des bisherigen Gebrauchs; jetzt sollte das Gewicht feststehen und der Preis wechseln, früher war der Preis die feste Größe und das Gewicht wechselte[1]. Auch die Errichtung einer Brotfabrik wird erwogen, doch steht dem die Gewerbeordnung von 1851 im Wege, nach der Konzessionen für das Backen von ausgesiebtem Brot nicht mehr erteilt werden sollten[2].

Doch auch 1857 konnte man sich zur Einführung der Taxfreiheit nicht entschließen, ja als in demselben Jahre die neuen Gewichte eingeführt wurden, wurde noch der Auftrag gegeben, die Tabellen entsprechend zu verändern. Erst bei Aufhebung der Gewerbeprivilegien hörte auch die Gültigkeit der Brottaxe auf[3].

5. Die Beaufsichtigung.

Daß die Aufsicht auch in älterer Zeit keine leichte Aufgabe war, ist aus dem Gesagten wohl schon zu ersehen. Kompliziert wurde die Kontrolle auch dadurch, daß altes Brot einen ziemlich bedeutenden Gewichtsverlust erleidet[4]. Außerdem war bei dem Wechsel des Stickens oft Brot vorhanden, das sehr verschiedenes Gewicht haben durfte[5]. Es war also durchaus nicht leicht, dem Bäcker zu beweisen, daß er zu falschem Gewicht gebacken habe. Meist wird das Brot zu unrichtigem Gewichte wohl zu leicht gewesen sein[6]. Um den

---

[1] Hier wird also schon die Gewichtsbäckerei vertreten, die 1887 im Reichstage beantragt (Antrag Lohren), aber abgelehnt wurde. Vgl. hierzu Kurt v. Rohrscheidt, Die Brottaxen und die Gewichtsbäckerei (Jb. f. Nat. u. Stat. 15 [1887] S. 481 ff.).

[2] Anderes Brot konnte man damals darin nicht herstellen.

[3] 1861, D. 20 d 13 a.

[4] S. 2 u. I, 13 a, 1716, S. 2 u. II, d 2, 1810. Roggenbrot zu 6 Groten wiegt 3 Pfd. 30½ Lot, nach 16 Tagen 3 Pfd. 16 Lot. 1642, S. 2 u. I, 13 a wird gewünscht, daß nur frisches Brot nachgewogen werde.

[5] 1777, S. 2 u. II, d 1.

[6] 1755, S. 2 u. II, b. Für jedes Lot zu leicht: 1 Rt. 1842, S. 2 u. I, 1. Strafen bei einem Zweigrotenbrot: 1, 2, 3 bis 8 Lot zu leicht 2, 4, 9 ... 64 Rt. Für ein Eingrotenbrot das Doppelte. Auch zu schweres Brot kam zum Verkauf. 1591 Brotordnung.

Hersteller jederzeit ermitteln zu können, mußte der Bäcker
seine Marke auf das Brot drücken[1]. Da der Verkauf von
zerschnittenem Brot überhaupt verboten war[2], so ließ sich
der Straffällige, wenn der Verordnung Folge geleistet wurde,
leicht feststellen. Diese Bestimmung erscheint zuerst 1583[3].
Nicht eher sollte der Bäcker sein Gewerbe ausüben dürfen,
als bis sein Zeichen auf dem Rathause in ein Buch eingetragen war. Auch die Bürger, die Brot zum Garmachen
schickten, sollten es mit einem Erkennungszeichen versehen.

In älterer Zeit wird man sich auf die Aufsicht durch Alt-
und Jungmeister, dann auch auf die Oberaufsicht der Morgensprachsherren verlassen haben[4]. 1591 haben vier Ratspersonen,
je einer aus den vier Ratsquartieren, die Aufsicht; sie dürfen,
so oft sie wollen, die Ratsdiener durch die Stadt schicken,
um das Brot nachwiegen zu lassen. Findet sich Brot, das
der Vorschrift nicht entspricht, so wird nicht nur dieses,
sondern der ganze Vorrat weggenommen[5]. Er wird an die
Krankenhäuser und die Armen verteilt. Die Verordneten ver-
wahrten zwei „Sichtebüdel“, nach denen die Bäcker ihre
Durchsiebebeutel anfertigen lassen mußten[6]. Die Namen der
Aufsichtführenden wechselten; zum Rate gehörten sie bis zur
französischen Zeit wohl stets. Nach der Reichspolizeiordnung
von 1622 sollte auch eine wöchentliche Kontrolle durch zwei
Amtsmeister stattfinden[7]. 1650 verlangte man in Bremen
außer der Gewichtskontrolle durch den Kämmerer auch eine
Beaufsichtigung des Backprozesses durch die Amtsmeister. Von
der Einführung der Konsumtion bis 1796 heißen die Aufsichtführenden Konsumtionsherren, von 1796—1810 Kommissare.
In der französischen Zeit führten der Maire, unterstützt von
den Vorstehern der Weiß- und Grobbäcker[8], nach 1813 die

---

[1] Das Stempeln war nach Poppe, Die Hausmarken Bremens,
Br. Jb. VI (1872) beim Schwarzbrot noch zu seiner Zeit in Gebrauch.
[2] 1700, 1730, S. 2 u. II, a 1, a 2 und m 2. — 1650, S. 2 u. II, a 2, auch
1743, das Zerschneiden ist nur bei Teuerungen bei Eingrotenbroten gestattet. — 1755, S. 2 u. II, b, gelegentlich kam auch Verfälschung mit
Hafer und Gerste vor.
[3] 1583, S. 2 u. I, 1: 1591, S. 2 u. I, 1. 1650 besonders den Grobbäckern
eingeschärft, ebend. 1665, 1716, S. 2 u. I, 13a. 1756, Kund. Rolle,
Oelrichs.
[4] Oelrichs, Kund. R. v. 1450, Art. 118, v. 1489, Art. 188.
v. 1756, Art. 123: „Und dat wyll de Raed beseen laten.“ — Daß unter
den vier Ratspersonen (1591) die beiden Morgensprachsherren des Amts
waren, ist wohl anzunehmen.
[5] Widersetzlichkeit war strafbar. Die Diener erhalten (1591) ihre
Besoldung aus den eingehenden Bußen; früher bekamen sie eine Mahlzeit.
[6] 1591, S. 2 u. I, 1.
[7] 1622, S. 2 u. I, 1.
[8] 1812, S. 2 u. I, 1. Backordnung der Franzosenzeit. Die Aufsicht
erstreckte sich hauptsächlich auf den vorgeschriebenen Vorrat, weniger
auf das Gewicht und den Backprozeß. Es wird sogar gefordert, daß
die Mehlsäcke so aufzustellen seien, daß sie leicht zu zählen wären. Die

Polizeidirektion die Aufsicht. Durch die Verkündigung des
Brotgewichts in den „Wöchentlichen Nachrichten" wollte man
auch das Publikum selbst zur Kontrollierung erziehen[1].

Beim Nachwiegen glaubten sich die Bäcker oft ungerecht
behandelt. Sie klagten, es würden einige zu leichte Brote
herausgesucht. 1806 wird daher bestimmt, daß der ganze
Vorrat im Hause des Bäckers nachgewogen werden solle[2].
Die Anwesenheit des Bäckers scheint beim Nachwiegen nicht
geduldet worden zu sein. Ein Gesuch um Beteiligung beim
Nachwiegen wird für das Amt 1716[3] abgelehnt, 1766[3] und
1813[4] keiner Antwort gewürdigt.

Fünftes Kapitel.

Die Abgaben.

Die älteste Abgabe, die die Bäcker als Gewerbetreibende
zu entrichten hatten, ist zugleich das einzige Erinnerungs-
zeichen, das uns an den alten Stadtherrn Bremens, den Erz-
bischof, gemahnt. Die Bäcker und auch andere Gewerbetreibende mußten ihm einen Zins entrichten. Die Höhe ist
in den Gerhardischen Reversalen von 1246 nicht angegeben[5];
der gefälschte Hildeboldische Vertrag[6] spricht von „twolf
penning, dar schal de vaget wo vor ock frede maken". Sie
waren an St. Martin zu entrichten; sie stellten eine Abgabe
dar, die für die Erlaubnis, „vom Fenster zu verkaufen", gezahlt wurde[7]. Dieser Zins wurde auch noch erhoben, als
Aufsicht und Gerichtsbarkeit über die Handwerker schon
lange dem Rat oblagen. Am 30. Juni 1614 verbot der Rat
die Entrichtung. Als 1648 die Krone Schweden in die Rechte
des Erzbischofs einrückte, suchte der Rat die Vogteirechte
abzuschaffen, jedoch vergeblich[8]. 1651 wird von neuem die
Zahlung der Abgabe verboten[9]. Neue Streitigkeiten folgen,
ohne daß die Abschaffung durchgesetzt werden kann. Wohl

Taxen blieben übrigens bestehen; sie wurden aber monatlich vom Maire
in der Versammlung der Vorsteher der Bäcker festgelegt. D. 20, d 13 a,
S. 2 u. I, 1.

[1] 1808, S. 2 u. I, 2 a 1. Zu leichtes Brot mußte dem Kämmerer an-
gezeigt werden.

[2] S. 2 u. I, 13 b.

[3] S. 2 u. I, 13 a.

[4] S. 2 u. I, 13 b. Diese Forderung wird 1812 bei der französischen
Neuregelung erhoben und mit bitteren Klagen über die vorige Regierung
verbunden, ein höchst unerfreuliches Bild.

[5] Br. Ub. I, 234.

[6] Br. Ub. 299.

[7] Ratsdenkelbuch 1412.

[8] Vgl. Kühtmann, Geschichte der bremischen Stadtvogtei (Unters.
z. d. Staats- und Rechtsgesch. v. Gierke, Heft 62, 1900) S. 41, 59, 68.

[9] S. 2 u. I, 17.

gibt es einzelne, die sich der Abgabe entziehen, doch entrichtet die Mehrzahl gewohnheitsmäßig ihren Zins weiter:
1723 zahlen von 33 Kleinbäckern nur 9 nicht. In den Streitschriften der schwedischen Regierung wird die Bäckerabgabe
mit dem Königszins vermengt; diese war jedoch eine Abgabe,
die am Hause klebte, während jene eine persönliche Leistung
des Bäckers war [1]. Die Abgabe blieb offiziell bis zur Aufhebung der Vogtei im Jahre 1802 in Kraft. Ob sie in der
letzten Zeit tatsächlich noch gezahlt wurde, entzieht sich
unserer Kenntnis.

Von den Verbrauchsabgaben trafen diejenigen von Weizen
und Roggen die Bäcker besonders [2]. Zur Akzise kam im Laufe
des 30jährigen Krieges die Konsumtion. Beide stiegen in
der ersten Hälfte des 17. Jahrhunderts, blieben seitdem aber
ziemlich konstant. Außerdem gab es noch eine Ausfuhr- oder
Kaufmannsakzise [3]. Die Konsumtionsabgabe wurde in den
Jahren 1736—43 doppelt erhoben, um damit die Kosten für
den Neubau der Weserbrücke zu bestreiten. 1811 wurde die
Konsumtion aufgehoben [4], nach der Franzosenzeit aber wieder
eingeführt.

Für ihren Verkaufsraum in der Nähe des Marktes (siehe
unten) hatten die Bäcker im 15. Jahrhundert jährlich 28 Grote
zu bezahlen. Außerdem gab jeder für seinen Verkaufsstand
noch 8 Grote. 1657—69 wurden 24 Grote erhoben; von 1670
an hatte jeder Meister eine einmalige Abgabe von 10 Rt. für
das Brothaus zu entrichten. Diese Abgaben wurden noch im
17. Jahrhundert abgeschafft [5].

---

[1] Die Vermengung kommt wohl dadurch zustande, daß auf Back-
häusern bisweilen der Königszins ruhte. Die Abgabe heißt Wolfs-
pfennige; es werden 4 erhoben = 1 Gr.; man erklärt sie als braun-
schweigische Lettenpfennige.
[2] Ich gebe hier nur die Angaben, die die Bäckerakten des Bremer
Staatsarchivs enthalten. Eine eingehende Würdigung ist nur in größerem
Zusammenhange denkbar. S. 2 u. I, 13 a und b, D. 20 d 13 a—d, S. 2 u. III.
5 und 7, S. 10 u. I. c.
Weizenakzise: 1614—29 = 4 Schw. 1640—1834 = 6 Schw.
Roggenakzise: 1614—27 = 4 Schw.
Weizenkonsumtion: 1627 = 6 Gr., 1640 = 16 Gr., 1736—43 = 32 Gr.,
    1816 = 16 Gr.
Roggenkonsumtion: 1627 = 6 Gr., 1816 = 8 Gr.
1683 wird die Bitte um halbe Konsumtion abgelehnt
[3] 1741 haben die Kuchenbäcker für ein Pfund 16 Gr. Ausfuhrgeld
zu geben. 1818 bitten die Kuchenbäcker um Aufhebung der Akzise
für die auszuführenden Kuchen.
[4] Der Sticken wird für die Weißbäcker deshalb auf 15, für die
Grobbäcker auf 5 Rt. herabgesetzt.
[5] S. 2 u. I, 13 b und 18. Nach P o s t , Nachricht von den obrigkeitlichen Verordnungen wegen der Brotpreise in Bremen, Febr. 1798, und
Abhandlung über die Marktverhältnisse in Bremen in ältester Zeit
(zitiert gelegentlich der Verhandlungen über den Neubau des Brothauses). Dort angeführt: Ratsdenkelbuch 1412: „Unde der Buden bawen
dem Ingange des Hurleberges gift jahrlickes 28 Groten. Item ein je-

Sechstes Kapitel.

Der Vertrieb des Backwerks.

1. Ort, Art und Zeit des Verkaufs.

Die Bäcker hatten ihre Verkaufsstände über dem Hurrel-
berge in der Nähe des Marktes, wie eine Notiz des Rats-
denkelbuches von 1412 bezeugt[1]. Als ein Aufbau gemacht
wurde, befand sich der Raum für die Bäcker im zweiten Stock-
werk, während das erste die Knochenhauer einnahmen. Der
Zweck des Raumes wechselte; später diente er nur den Versammlungen des Amts[2]. Der Verkauf geschah dann aus den
Häusern. Es ist nicht anzunehmen, daß der Vertrieb gleichzeitig an zwei Orten erfolgt sei, da das den mittelalterlichen
Gepflogenheiten nicht entsprach[3].

Die Grob- und Kuchenbäcker verkauften jedenfalls von
jeher aus dem Hause (von den Fenstern)[5]. Letztere wohnten
im 17. Jahrhundert vor dem Stephanitor[6]. Da ihre Geschäfts-
lage also sehr ungünstig war, baten sie um Gewährung einer
Bude auf dem Markte oder an der Börse. Erst 1741 erhielten
sie hierfür die Erlaubnis, und zwar sollten sie gegen die
Zahlung einer halbjährlichen Rekognition abwechselnd in einer
Bude am Markt verkaufen dürfen. Es müssen sich aber bald
Unzuträglichkeiten ergeben haben, denn 1750 wird ihnen das
Budenhalten mit Ausnahme in der Zeit des Freimarkts untersagt. Dann finden wir die Erlaubnis für vier von ihnen für
die Zeit von Freimarkt bis Dreikönige mit Ausnahme der Tage
des Nikolai- und Weihnachtsmarkts. 1756 wird das Budenhalten ohne Erwähnung einer Ausnahme bei 50 Rt. verboten.
Die Bevorrechtung ist vielleicht stillschweigend davon aus-
genommen worden. Vor 1814 hat es jedenfalls eine oder

welcke Amtmann der Becker von den Brothuse, de dar ein dalesohlagen
Fenster heft, gift jehrlickes 8 Groten " Diese Abgabe bekam die Schott-
kammer, die für die Erhaltung der Mauern zu sorgen hatte.

[1] Der Hurrelberg ist das Vagabundengefängnis (nach Post).
[2] S. 2 u. I, 13 b und 18, ferner: Bremer Jahrbuch VII, Ungedr. Urk.
N. 88: Was es mit dem dort erwähnten, 1554 verkauften Losbäcker-
haus auf sich hat, ist unklar.
[3] 1591, S 2 u. I, 13 b. Die Weißbäcker verkaufen aus den Häusern.
1686, S 2 u. I, 1. Die Amtskost findet auf dem Brothause statt. 1792
ist der Raum baufällig und die Heizungsanlage in hohem Grade feuer-
gefährlich. Man berät damals über einen Neubau; das Amt erklärt sich
sogar bereit, 500 Rt. dazu zu geben. Es kommt aber nicht dazu. 1804
wird über dieselben Mißstände geklagt. 1817 wird das Brothaus ge-
räumt. S. 2 u. I, 1. Die 1736 für 111 Rt. angeschafften 32 mit Leder
überzogenen Lehnstühle werden 1817 „à tout prix" verkauft.
[4] S. 2 u. I, 10. Im 18. Jahrhundert versuchte man den Vertrieb an
günstigen Stellen der Stadt in gemieteten Räumen. 1792 werden die
Brotlager ausdrücklich verboten.
[5] Oelrichs, Kund. Rolle v. 1489, Art. 118 und 198.
[6] 1657, S. 2 u. III, 5.

mehrere Kuchenbuden ständig auf dem Markte gegeben.
Ausdrücklich wird 1814 bei Erneuerung des Marktplatzes
dieser Buden gedacht, die bisher den Platz verunziert hätten [1].
Herstellung und Verkauf lagen bei den mittelalterlichen
Handwerkern durchweg in einer Hand [2]. Danach kamen für
den Verkauf in Bremen nur die altstädtischen Weiß-Grob-[3]
und Kuchenbäcker in Betracht. Als sich später die Stadt
immer weiter ausdehnte, wurden auch die Entfernungen vom
Konsumenten zum Brotproduzenten immer größer. Ein besonderer Zustand wurde zunächst für die Neustadt geschaffen.
Um die Besiedelung der neu in den Wall einbezogenen Gebiete zu beschleunigen, versprach der Rat, daß die dortigen
Handwerker für die ersten 10 Jahre nicht dem Zunftzwang
der Altstadt unterworfen sein sollten. Darin eine antizünftische
Tendenz des Rates zu sehen, ist meines Erachtens nicht berechtigt [4]. Viele Bäcker gab es sicher dort nicht, sonst wäre
die Brothökerei, über die 1656 und 1670 geklagt wird, nicht
recht verständlich [5]. Diese Leute waren im Hauptberufe meist
Krüger oder Mehlhöker. Auch im 18. Jahrhundert sucht man
ihre Ausbreitung zu hindern. Von einer Sonderstellung der
Neustadt ist später auch nirgends die Rede, sondern Zunft-
bäcker wohnen auch dort. Anders war es mit den Vorstädten, dort durften sie nicht wohnen [6]. Man verhinderte
überhaupt tunlichst die Ansiedelung von Handwerkern vor
den Toren, um die altstädtischen Bürger nicht zu schädigen [7].
1741 soll keiner Person, die mit akzisbaren Waren handelt,
die Erlaubnis erteilt werden, sich in den Vorstädten nieder-
zulassen [5]. Auch 1803 wird die möglichste Beschränkung der
bürgerlichen Nahrung in der Vorstadt als Grundsatz betont.
Die Stadt hatte jedenfalls ein starkes, finanzielles Interesse
an dieser Einschränkung, da die richtige Bezahlung von Akzise
und Konsumtion dort schwer zu kontrollieren war. Die Erlaubnis wurde in der zweiten Hälfte des 18. Jahrhunderts nur
gegen die ausdrückliche Verpflichtung erteilt, daß auch von

---

[1] S. 2 u. III, 5. — Der Freimeister durfte nur am Freimarkt seine
Bude auf dem Markte haben (S. 2 u. III, 2).

[2] S. 2 u. I, 10, 1656. Es wird den Mehlhökern und allen, die das
Brot nicht selbst herstellen, der Verkauf verboten, 1670 den Wirten
der Vor- und Neustadt der Vertrieb untersagt. 1792 sollen nur die
Krüger vor den Toren Brot verkaufen dürfen. Ein Protest (1807) hilft
nichts. Verbot des Aushökerns auch 1743, 55 und 1844, S. 2 u. II, a 2 b
und d 1. Schon das Verschweigen war strafbar.

[3] Grobbäcker gab es wohl schon früh vor den Toren. Die Kundige
Rolle von 1489 redet von solchen „binnen und buten unsser Stadt"
(Oelrichs a. a. O.).

[4] Böhmert, S. 33 und U. 23. 1643.

[5] S. 2 u. I, 10.

[6] Noch 1814, S. 2 u. I, 20 a. 1824 dürfen die, die auswärts wohnen,
ihr Brot nicht in die Stadt bringen.

[7] 1733 von den Grobbäckern, S. 2 u. II, k.

der Feuerung die Konsumtion bezahlt würde[1]. Die Vorstadt-
bäcker hatten die Abgaben der Altstadt mit Ausnahme der
Ausfuhrakzise zu entrichten[2]. Auch mußten sie eidlich ver-
sichern, daß sie das aus der Stadt bezogene Mehl wirklich
verbacken wollten[3]. Die Erlaubnis zum Betriebe einer Grob-
bäckerei wurde schließlich nur erteilt, wenn es sich um die
Fortsetzung einer schon bestehenden handelte. Die Über-
tragung auf ein anderes Haus fand auch nicht ohne weiteres
statt[4].

Die Verkaufszeit war in älterer Zeit wohl überhaupt nicht
beschränkt. Sonntags war der Vertrieb aber erst nach 4 Uhr
freigegeben[5]. Seit 1756 war er am ganzen Tage mit Ausnahme der Kirchzeit, nämlich von 8—10 und von 12—2 Uhr,
erlaubt. Die Backtätigkeit durfte nur in der Nacht zum
Sonntag nicht ausgeübt werden[6]. Seit 1744 erstreckte sich
das Backverbot auf die zweiten Feiertage der großen Feste,
auf Neujahr und Himmelfahrt[7]. Da es Sonntags also kein
frisches Brot gab, hatten die Bäcker Gelegenheit, die übrig-
gebliebenen Vorräte der Woche dann anzubringen. Erst 1808
wird bestimmt, daß zwei Bäcker der Altstadt und einer aus
der Neustadt backen dürfen[8]. Die Namen der Bäcker, die
die Reihe traf, wurden in den Wöchentlichen Nachrichten
bekanntgegeben[9]. Seit 1815 durfte jeder Bäcker am Sonntag
frisches Brot haben, außer an den ersten großen Feiertagen,
am Karfreitag und am Bußtag[10].

---

[1] 1772, S. 2 u. II, k.
[2] 1792, S. 2 u. II, k. Auch Kaufmannsakzise genannt.
[3] 1787, 91, 94, 99, S. 2 u. II, k. 1816: 7, 1833: 8, 1839: 9 Vorstadt-
bäcker.
[4] Die Gesuche um Erteilung einer Konzession in den Vorstädten
wurden genau geprüft. Neubewilligungen wurden stets nur bei klar
erweislichem Bedarf erteilt. Bei Verlegung der Bäckerei erlosch die
Berechtigung im alten Hause. Die Fortsetzung der Bäckerei wurde
nicht gestattet, wenn der Vorgänger nachweislich schlechte Geschäfte
gemacht hatte. Ungelernten Bewerbern gab man keine Erlaubnis,
dagegen machte man keinen Unterschied, ob der Bewerber Weiß-
oder Grobbacken gelernt hatte. Bewilligungen (Zahl wenn über 1 in
Klammern): 1787, 72, 91, 92, 94, 99, 1824, 26, 33. 37, 38, 39 (2), 40 (2).
44, 48 (3), 50, 52 (2), 53 (2), 57, 58, 59. Ablehnungen: 1804, 16,
17. 18, 19, 21, 30, 40, 42 (4), 43, 44, 45, 46, 47, 48, 49 (2), 52, 53,
57, 58, 59.
[5] 1756, S. 2 u. I, 3 und 11. Das Amt beklagt sich, daß ihm viel Verdienst entginge, da die Spaziergänger sich gerne etwas mitnähmen, zur
Zeit ihres Fortgehens aber nichts bekommen könnten.
[6] 1817, S. 2 u. I, 11. Nach Sonnabend um 6 Uhr verboten.
[7] 1744, S. 2 u. II, a 2.
[8] 1808, S. 2 u. I, 2 a 1. Bestrafung anderer: 1814, 15, 17, 24, 36,
S. 2 u. I, 11. — 1814 als Reihebacken bezeichnet. Die Bäcker waren im
Anfang gar nicht mit dieser Maßregel einverstanden.
[9] 1834, S. 2 u. I, 5.
[10] 1815, S, 2 u. I, 2 a 1, 1841, S. 2 u. I, 11.

2. Die Abnehmer.

Die Abnehmer der Bäcker waren die einzelnen Bürger,
die sich ihren Bedarf bei dem nächstwohnenden Bäcker selbst
holten, die Höker und Krüger der Vorstadt, die weiterverkauften
und die Schiffer, die sich verproviantierten. Die letztgenannten
drei Berufe benötigten verhältnismäßig größere Mengen Brot.
Daher verstand man sich ihnen gegenüber auch zu Zugaben,
die sonst verboten waren. 1668 vereinbarten 65 Bäcker eine
Regelung des Zugabewesens. Diese hohe Zahl kann nur die
Gesamtzahl der Bremer Bäcker darstellen. Es ist der einzige
Fall, in dem wir von einem gemeinsamen Vorgehen der Weiß-
und Grobbäcker Kunde haben. Den Hökern der Neu- und
Vorstadt sollte nichts zugegeben werden[1]. Den Schiffern
sollte auf Brot im Werte von 1 Rt. höchstens 4 Grote nach-
gelassen werden. Findet hier ein Barabzug statt, so erhalten
die Krüger ihren Rabatt in Form von Brot, und zwar ein
Zweischwarenbrot auf Kringel, Zwieback und Pfefferkuchen
für 6 Grote. Die Vergünstigungen sollten auf keinen Fall
zum Ansichziehen von Kunden dienen. Zu Kindtaufen und
Hochzeiten sollten keine Zusendungen von Kringeln und Klaben
ohne Bestellung gemacht werden, um damit die Lieferung an
sich zu ziehen. Auch das Versprechenlassen von Silbergeschirr
oder die Übernahme des Schweinefütterns wurde als un-
zulässig verboten. Ausdrücklich wird aber versichert, daß
„einige Liberalität" nicht verboten sein solle. Ob diesen
Vereinbarungen nachgelebt wurde, muß mindestens als zweifelhaft bezeichnet werden[2]. Nach Erweiterung des Kunden-
kreises strebte seit dem 17. Jahrhundert schließlich jeder.

Von einem anderen Mittel, das diesem Zwecke dienen
sollte, dem Hausieren, ist häufiger die Rede. Diese Ver-
triebsart hatte einen harmlosen Ausgangspunkt. Man wollte
seinen Kunden gerne entgegenkommen, indem man ihm die
bestellte Ware ins Haus schickte. Damit war zugleich die
Möglichkeit gegeben, sowohl weiter entfernt wohnende Kunden
zu gewinnen als auch durch die „Umträger" unterwegs Ware
abzusetzen. Nach mittelalterlicher Anschauung galt es aber
für einen Handwerker als entwürdigend, seine Ware durch
Anbieten von Haus zu Haus loszuschlagen. Dadurch, daß
ursprünglich die Konsumenten gezwungen wurden, ihr Brot
selbst zu holen, produzierte der Bäcker nur für die in seiner
Nähe Wohnenden. Dadurch trat eine reinliche Scheidung der
Absatzgebiete ein; die Reibungsfläche wurde vermindert, die

---

[1] 1815, S. 2 u. I, 2e. Ein Bürger beschwert sich, daß die Höker auf
1 Rt. 6 Gr. Prämie erhalten. 1806, S. 2 u. I, 10. Eine Witwe hat gegen
die Beschlüsse von 1754 und 1792 an Höker der Neustadt 4—6 Gr.
Vorteil auf 1 Rt. — gewährt.
[2] 1668, S. 2 u. I, 1.

Konkurrenz also möglichst vermieden. Außer dem Wandel
der Anschauungen mochte die Zunahme des Hausierens auch
auf den sich verschlechternden Nahrungsverhältnissen des
18. Jahrhunderts beruhen. 1725 erfolgt ein allgemeines Verbot des Umtragens von bestelltem Brot[1]. 1749 versucht man
es mit Zetteln, die die Kunden für das von ihnen bestellte
Brot ausstellen[2] und die dem Altmeister eingeliefert werden
müssen. Diese Verfügung wird schon 1754 wieder aufgehoben;
sie mochte wohl den genügenden Schutz nicht gewährt haben,
den man sich von ihr versprach[3]. Eine Neuordnung erfolgt
1792. Jedes Schicken von Brot, außer zu großen Gesell-
schaften, Kindtaufen, Hochzeiten oder Beerdigungen, war nun
verboten. Auch das Halten von Brotlagern ·in fremden
Häusern war untersagt. Nur die Krüger außerhalb der Stadt
durften in kleinem Maßstabe mit Brot handeln[4]. Noch einmal wird der Zunftgrundsatz der Nahrung scharf ausgesprochen:
Niemand soll Nahrung an sich ziehen. Diese Verordnung
mußte jeder Bäcker unterschreiben[5]. In der Zeit von 1806
bis 1839 finden noch wiederholt Bestrafungen wegen Über-
tretung dieser Bestimmungen statt[6]. 1841 erweiterte man
diese Ordnung[7]. Das Hausieren bleibt verboten. Doch darf
nun das Brot für ständige Kunden wie bei einmaliger Bestellung zugeschickt werden. Der Austräger, der aber nur
für einen Bäcker arbeiten darf, muß im Besitz einer von der
Polizei ausgestellten Karte sein, die den Namen des Aus-
trägers und des Bäckers enthält. Wird ein Austräger ohne
Karte abgefaßt, werden er und sein Auftraggeber hart bestraft; auch kann das Brot weggenommen werden. Im Wieder-
holungsfalle ist sogar mit Entziehung der Backkonzession ge-
droht.

3. Die Abgrenzung des Vertriebs im Bäckergewerbe.

Eine scharfe Grenzlinie zwischen den drei Kategorien der
Bremer Bäcker läßt sich nicht ziehen, vielmehr greift ihr

---

[1] 1725, S. 2 u. I, 10.

[2] 1749, S. 2 u. I, 1.

[3] 1754, S. 2 u. I, 10.

[4] 1792, S. 2 u. I. 10. Sie durften auch Zwiebäcke zu einem halben
Groten verkaufen. 1730, 1844: S. 2 u. II, a 2. Die Grobbäcker waren
sogar angewiesen, nicht an Leute zu verkaufen, die im Verdacht ständen,
die Ware wieder zu veräußern.

[5] 1792, S. 2 u. I, 10, vgl. Kap. 6, 1, Anm. 4. Das Schriftstück enthält
103 Namen; die letzte Eintragung fand 1838 statt.

[6] Bestrafungen wegen Hausierens und Brotbringens auf Antrag des
Amtes: 1806; 07, 13, 16, 18, 20, 21, 24, 25, 27, 29, 33, 35, 37, 39. — 1831
(S. 2 u. I, 10): Beschwerde der Bewohner des Werders, daß sie kein Brot
mehr erhalten; sie können nicht täglich selbst holen; sie lassen es sich
durch bestimmte Leute bringen, was nun verboten ist.

[7] 1841, S. 2 u. I, 10.

[8] Den Kuchenbäckern wird das Hausieren 1655 und 1719 verboten.
S. 2 u. III, 6 a.

Betätigungsfeld ineinander über. Einigermaßen festumrissen
ist nur der Bereich der Grobbäcker, die im wesentlichen nur
Graubrot backen und verkaufen durften [1]. Über die Beziehung
der Grobbäcker und Weißbäcker ist oben im ersten Kapitel
schon gehandelt [2]. Aber auch nach den Kuchenbäckern hin
war die Grenze strittig. Die Ursache hiervon waren wahrscheinlich die französischen Bäcker, von denen die Weißbäcker
das mit Milch hergestellte Losbrot kennen lernten. Von jenen,
die als Vorläufer des Kuchenbäckeramts anzusehen sind, übernahm das Amt im Laufe des 17. Jahrhunderts diese Backart [3].
Nun bestritt es mit dem mittlerweile entstandenen Amte der
Kuchenbäcker die Befugnis, Losbrot herzustellen und zu vertreiben, offenbar zu Unrecht, denn das Losbrot im Krugschilde
der Kuchenbäcker weist deutlich auf dies von ihnen hergestellte Produkt hin [4].

Auch nach außenhin ließ das Kuchenbäckeramt eine
scharfe Abgrenzung vermissen. Hierdurch ergaben sich
Streitigkeiten mit dem Krameramt. Da dieses sich Kuchen
von auswärts zum Vertrieb kommen ließ, so mußte es sich
durch das Entstehen eines selbständigen Kuchenbäckeramts
betroffen fühlen. So kam es dazu, die Tüchtigkeit des Amtes
der Kuchenbäcker öffentlich zu bezweifeln. Als 1650 die
Mindener Kuchen, die das Krameramt verkaufte, verboten
wurden, mochten die Kramer nicht mit Unrecht argwöhnen,
daß dies auf Betreiben des Kuchenbäckeramtes geschehen sei.
Sie erboten sich nun ihrerseits zu dem Nachweis, daß die
Bremer Kuchen nichts taugten [5]. Sie ließen heimlich Kuchen
holen und konnten mit Befriedigung feststellen, daß diese
sich nicht hielten. Das angeschuldigte Amt konnte darauf

---

[1] Oelrichs, Kund. Rolle v. 1489: Für ihre Hausgenossen durften
sie auch die sonst nur von den Weißbäckern hergestellten Zwiebäcke
backen. — 1661, S. 2 u. II, 4. Ein Grobbäcker erhält Erlaubnis, auch
Brot aus gebeuteltem Roggen herzustellen, 1698 auch seine Witwe, solange sie nicht wieder heiratet. 1741 (S. 2 u. II, m 1) wird diese Her-
stellungsart allgemein verboten. 1741, S. 2. u. II, m 1. Die Grobbäcker
stellen eine feinere und eine gröbere Sorte Roggenbrot her. 1723,
S. 2 u. I, 10. Die Weißbäcker klagen über das heimliche Semmelbacken
der Grobbäcker.

[2] Dieser Absatz bildet einen Nachtrag zu Kap. 1, in dem aus
Gründen der Übersichtlichkeit Einzelheiten übergangen werden mußten.
1741, S. 2 u. II, m 1. Die Grobbäcker treten für eine scharfe Abgrenzung
ein. Sie weisen darauf hin, daß die Vereinigung zweier Gewerbe-
betriebe nach deutschem und römischem Rechte verboten sei. Man bestrebt sich also, den Grundsatz, der für zwei verschiedene Gewerbe
gilt, auch auf die Teile eines Gewerbes auszudehnen.

[3] S. 2 u. I, 13 b. Die Annahme von Post: um 1700 scheint mir reichlich spät. — S. 2 u. I, 7 u. 10. Bäcker mit französischen Namen: 1609,
1723 und 1733. 1686 Klage des Amts der Weißbäcker über den an-
stößigen Lebenswandel der französischen Bäcker.

[4] 1690, S. 2 u. I, 19 a.

[5] S. 2 u. III, 6 a.

erwidern, daß es zwei Sorten herstelle, davon eine dauerhafte
für den Versand. Daß diese sich hielten, bewies es durch
das Zeugnis von vier Bergenfahrern, von denen einer sogar
erklärte, er sei weit über die sonst übliche Zeit auf See gewesen und doch habe er die Kuchen in gutem Zustande abliefern können[1]. 1697 erhebt sich abermals ein Streit zwischen
Kramern und Kuchenbäckern; diesmal handelt es sich um die
Nüsse „von Alexandria", die erstere eingeführt zu haben behaupten, als man in Bremen der Pfeffernüsse der Kuchenbäcker müde gewesen sei[2]. Sie haben sie durch die Apotheker,
die zu ihrem Amte gehören, vertreiben lassen. Der Rat
fordert die streitenden Parteien auf, sich zu vertragen. Endlich wird 1740 eine Grenze zwischen den Mitgliedern des
Kuchenbäckeramtes und den Außenstehenden gezogen[3]; diese
dürfen nur Kuchen herstellen, zu denen weißer Sirup und
Zucker gehört. Daß damit die Kompetenzstreitigkeiten nicht
völlig ausgeschaltet waren, ist klar. Noch 1851 suchte man
Ordnung in diese Dinge zu bringen, zumal inzwischen die
Konditoren eine größere Bedeutung gewonnen hatten[4]. In
einem Vergleiche verpflichteten sich die Kuchenbäcker, keine
bremischen oder auswärtigen Konditoreiartikel zu verkaufen
oder darauf Bestellungen anzunehmen. Die Verwendung von
Gest und Gärungsmitteln blieb ihnen vorbehalten. Dagegen
stand die Herstellung von Konfekt, Mandelkuchen und Makronen
den Konditoren zu. Beide durften Berliner Pfannkuchen und
Gebäck, daß das Pfund 24 Grote und weniger kostete, herstellen. Beide Hantierungen sollten nicht in einem Hause
getrieben werden. Jeder Neueintretende hatte diese Ab-
machung zu unterschreiben. Zwei Bäcker und zwei Konditoren
überwachten die Durchführung.

4. Die fremden Bäcker.

Die Bäcker des Bremer Landgebietes werden niemals
eine ernste Konkurrenz der städtischen gebildet haben. Unsere
Quellen versagen für die frühere Zeit; einigen Aufschluß erhalten wir erst über die Verhältnisse im 19. Jahrhundert. Es
wird aber kaum anzunehmen sein, daß die Feilbäckerei auf
dem Lande früher größeren Umfang gehabt hätte. Von

---

[1] Eine Entscheidung ist nicht überliefert.
[2] S. 2 u. II, 6 a. Reibungen mit den Kramern lagen nach der Natur
dieses Amtes nahe; so ist schon 1509 ein Streit zwischen den Schuhmachern und Kramern überliefert (vgl. Böhmert, S. 20).
[3] 1735. S. 2 u. III, 7. Ein Grobbäcker hat Hamburger Kuchen hergestellt und wird deshalb vom Amte belangt.
[4] S. 2 u. I, 19 a. Das Schriftstück trägt die Unterschrift von 40 Bäckern
und 14 Konditoren. Die Konditoren gehörten zu den nicht zünftischen
Gewerben. Eine gute Gegenüberstellung bei Böhmert, S. 55 ff.

1816—40 findet sich etwa in jeder Gemeinde ein Grobbäcker. Allein Weißbacken zum Verkauf wurde scheinbar überhaupt nicht betrieben. Von 1840—59 hat sich die Zahl der Bäcker vermehrt; für Weißbacken allein sind in dieser Zeit im ganzen Bremer Gebiet nur zwei Konzessionen erteilt, dagegen eine ganze Reihe für Weiß- und Schwarzbrotbacken zusammen[1]. Seit dem 17. Jahrhundert nahmen die Landbäcker insofern eine bevorzugte Stellung ein, als sie ihr Getreide konsumtionsfrei auf den städtischen Mühlen mahlen lassen durften[2]. Schon dieser Umstand spricht dagegen, daß ihr Absatz in Bremen bedeutend war[3].

Ernstlicher bedroht in ihren Erwerbsverhältnissen konnten sich die Bremer Bäcker durch ihre Gewerbegenossen in den benachbarten Territorien fühlen[4]. Es waren besonders die Bäcker von Verden, Nienburg, Wildeshausen und Delmenhorst, die Bremen als ihr Absatzgebiet beanspruchten. Die Bremer Bäcker wachten aufmerksam darüber, daß dieser Verkauf in den gehörigen Grenzen blieb[5]. Nach der kundigen Rolle von 1489 war den fremden Bäckern das Feilhalten ihrer Ware an einem bestimmten Punkte für 24 Stunden gestattet[6]. In der Zeit des 30jährigen Krieges machte man dann den Versuch einer Einschränkung bei der Zulassung auswärtiger Bäcker. Das ist sehr wohl verständlich; bei der geschwächten Kaufkraft der verminderten Bevölkerung galt es zunächst einmal, den Absatz der heimischen Handwerker zu sichern[7]. Man schränkte also den Verkauf auf einmal im Monat und Freimarkt, dann auf die großen Märkte ein. Hierauf wendete man dann auch die Bestimmung an, daß die Ware höchstens innerhalb 24 Stunden feilgeboten werden dürfe; man mußte dann aber doch die Zeit von 2—3 Tagen zulassen. An die Stelle der Sonderrechte von Verden und Nienburg trat später für die Zulassung der Grundsatz der Zunftmäßigkeit.

---

[1] Q.2 B.6 p, 1 p, 7 g, 2 y; Q.3 b 13 h, 10 p, 5 i, 9 k, 11 l, 14 h; Q.4 B·2 w, 7 k, 4 ee; Q.4 b.52 r; Q.6 k X 18; Q.6 B. II 16(Q.6 B. III 16, V 16.

[2] R.3 B.51 c. 1661, Werderland, 1672 auch Ober- und Niederviehland und Hollerland.

[3] Von einem Protest der Amtsbäcker, der sicher erfolgt wäre, hören wir nichts. 1815, S.2 u. II, 1. Ein Grobbäcker erhält Erlaubnis, Mehl von den Bauern zu verbacken. Diese erhalten bei der Ausfuhr des Brotes die Abgabe, die sie für das Mehl bezahlt haben, zurück.

[4] 1741, S.2 u. II, m 1. Die Weißbäcker beklagen sich, daß ihre Gesellen sich in Kloppenburg, Wildeshausen und Butjadingen selbständig machen und damit ihr Absatzgebiet einschränken. Außerdem Zusammenstellung von 1855 durch die Akziseherren, die die Abgabeverhältnisse der fremden Bäcker feststellen wollen.

[5] Die Bäcker stellen in ihren Bittschriften die Gefahr natürlich größer dar, als sie war.

[6] Oelrichs, Kund. Rolle, auch S.2 u. I, 1, 1591.

[7] Vgl. Kap. 4. — 1644, S.2 u. I, 12 a. Vergleich mit den Brauern, die gegen fremdes Bier besser geschützt sind.

Der Kampf gegen die fremden Bäcker wird in erster
Linie von den Weißbäckern geführt[1]. Ihre Hauptwaffen sind
der Hinweis auf das verbotene Hausieren und auf die mög-
liche Akzisehinterziehung. Da es in beider Hinsicht sich um
leitende Grundgedanken der städtischen Wirtschaftspolitik
handelte, so fand der vom Standpunkt der Weißbäcker durchaus berechtigte Einspruch auch stets beim Senat ein geneigtes
Ohr[2]. Die Duldung dieser Konkurrenz erscheint ihnen um so
unberechtigter, als sie unter viel schwereren Bedingungen
arbeiten als jene. Die fremden Bäcker haben nicht die hohen
Abgaben zu zahlen; sie arbeiten also billiger, denn die
Transportkosten gleichen nach Ansicht der Weißbäcker diesen
Unterschied nicht aus. Dazu bringen sie ihre Ware wohl-
weislich nur auf den Markt, wenn das Getreide billig ist; sie
müssen aber täglich backen[3]. Gelegentlich kommt der Senat
den Bäckern aber auch mit dem peinlichen Hinweis, daß die
beste und sicherste Abwehr darin bestände, wenn sie so gutes
Brot backten, daß überhaupt keine Nachfrage nach anderem
entstände[4].

Im einzelnen ist die Entwicklung folgende. Die ältesten
Vorrechte besaßen die Bäcker von Verden und Nienburg. Wir
geben hier die Entwicklung von Verden (über die Nienburger
vgl. die Parallelstellen der Anm.). Die Marktfreiheiten in
Verden beruhten wohl auf Gegenseitigkeit. Die Bremer
brachten Fische und Käse nach dort, die Verdener ihr Brot
dafür nach Bremen[5]. Die Beschränkungen in der Zeit des
großen Krieges scheinen in den sechziger Jahren wieder
schärfer gehandhabt worden zu sein. 1661 drohen nämlich
einige Verdener Bäcker, sie würden sich an den Bremer
Händlern rächen, wenn man sie in Bremen nicht verkaufen
ließe[6]. Der Senat antwortet, einmal monatlich, am Sonnabend nach dem Bettage und am Freimarkt, dürfe verkauft
werden; den Drohungen stände er kühl gegenüber. Dann

---

[1] „Der Abgang ihrer Nahrung", über den beständig geklagt wird,
führen die Weißbäcker zum großen Teil auf die auswärtige Konkurrenz zurück.

[2] So 1687, S. 2 u. I, 12 c.

[3] Der Grund ist natürlich nicht stichhaltig, s. oben die Taxen. —
1653, S. 2 u. I, 12a. In den Teuerjahren 1650 und 51 seien die fremden
Bäcker fortgeblieben.

[4] 1620, S. 2 u. I, 12a, 1653, S. 2 u. I, 10 und 12a. Die Güte des Brotes
scheint tatsächlich zu wünschen übrig gelassen zu haben.

[5] 1653, S. 2 u. I, 12a.

[6] 1661, S. 2 u. I, 12d. — 1653 (S. 2 u. I, 12a) war allgemein die Einfuhr fremden Brotes verboten worden. Die Schuhmacher hatten im
18. Jahrhundert sogar erreicht, daß der Verkauf am Freimarkt für die
fremden Schuster verboten war. Auf Drohung der benachbarten Regierungen erklärten sie, daß sie lieber auf den Besuch auswärtiger
Märkte verzichten wollten, als fremdes Schuhwerk nach Bremen hinein-
zulassen (Böhmert, S. 49).

mußte man sich mit 4 bzw. 3 Markttagen begnügen [1]. 1664
erreichte das Amt die Beschränkung auf Freimarkt [2]. Immer
weniger nahm man auf die fremden Bäcker Rücksicht. Als
1687 die Verdener Bäcker am Gründonnerstage (einem der
früheren Markttage) zu verkaufen versuchten, wurden sie von
den Stadtknechten zum Ostertore hinausgetrieben. Darauf
erfolgte natürlich sofort eine Beschwerde des Rates von
Verden, der nun charakteristischerweise die letzten Ver-
fügungen überging und das Verkaufsrecht seiner Bäcker an
vier Marktzeiten beanspruchte. Der Bremer Rat lenkte darauf
ein, wies aber das ausschließliche Verkaufsrecht, das die
Verdener in Anspruch nahmen, zurück [3]. Trotzdem beklagt
sich Verden 1702 aufs neue, daß auch andere fremde Bäcker
die Bremer Brotmärkte [4] beziehen. Darauf untersucht der
Senat die Sache wieder und stellt dann fest, daß die Verdener
und Nienburger bevorrechtet sind. Bald darauf wird, als man
die Bestimmung, nur 24 Stunden feilhalten zu lassen, nicht
durchführen kann, die Erlaubnis zum Feilhalten auf 2—3 Tage
erteilt [5]. Dann wandte sich das Bäckeramt in Verden gegen
das Feilhalten Nichtzunftmäßiger auf den Bremer Märkten [6].
Der Rat von Verden stellt nun seinen Bäckern einen Be-
glaubigungsschein aus. Diese Maßregel hat später die un-
vorhergesehene Folge, daß der Senat alle zunftmäßigen Bäcker
auf den Bremer Märkten zuläßt [7]. Damit ist die Bevorrechtung
von Verden und Nienburg illusorisch geworden.

Erst viel später treten die Bäcker von Delmenhorst und
Wildeshausen in Erscheinung [8]. Diese sind jedenfalls 1759
berechtigt. Denn damals wehrt sich das Amt gegen die Erteilung einer Freiheit an einen Delmenhorster. Man war darin
deshalb empfindlich, weil diese wegen ihrer näheren Lage bei
Bremen eine sehr zu fürchtende Konkurrenz waren. Dort
erhält man aber doch 1762 die Berechtigung des Verkaufes [9].

---

[1] S. 2 u. I, 12d, 1687. Verden; 1654, Nienburg (3 Märkte); allgemeiner
Beschluß gegen die fremden Bäcker 1645, S. 2 u. I, 12a; 1691, S. 2 u. I. 12c.
Nienburg zweimal 1½ Tage, trotzdem zwei Märkte abgeschafft sind.

[2] S. 2 u. I, 12d.

[3] 1702, S. 2 u. I, 12d; Nienburg. 1671, S. 2 u. I. 12c.

[4] 1671 werden Liebenau, Hoya, Walsrode genannt, 1687 ferner
Barenberg, Schlüsselburg, Vechta und Ottersberg.

[5] 1685, S. 2 u. I, 12c. Die Nienburger dürfen nur 24 Stunden feilhalten, nur am Freimarkt 8 Tage.

[6] 1741, S. 2 u. III, 7. Ein ehemaliger Schreiner und Wirt läßt sich
Kuchen kommen und vertreibt sie auf den Märkten der Umgegend
Bremens.

[7] Auch 1787 und 98; für Nienburg schon 1654, S. 2 u. I, 12c. Doch
mußte stets die besondere Bewilligung eingeholt werden, wie sich aus
Nachrichten über Delmenhorst ergibt. 1709, 43 (S. 2 u. I, 12a) Nachweis
der Zunftmäßigkeit gefordert. 1759—62, S. 2 u I, 12b, Verhandlungen
mit einzelnen fremden Bäckern.

[8] S. 2 u. I, 12a und b.

[9] S. 2 u. I, 12a und b. 1763, 64, Verkaufserlaubnis für je einen Bäcker.

Daß die heimliche Einfuhr von dort zeitweise groß war, geht
aus folgender Geschichte hervor. Da die Delmenhorster 1733
in Erfahrung gebracht hatten, daß die Wache am Neustädter
Tor instruiert war, auf die Einfuhr fremden Brotes Acht zu
geben, so brachten sie ihre Ware nach Woltmershausen, von
wo aus sie zu Schiff unbehelligt nach Bremen hineingelangte.
In Delmenhorst entsann man sich plötzlich noch 1825 des
früheren Privilegs und suchte es noch einmal zur Geltung zu
bringen, wiewohl vergeblich[1].

Wie groß die Zahl der in Bremen verkaufenden auswärtigen Bäcker war, ist nirgends angegeben. Für Nienburg
gibt der dortige Rat 1654 12 zunftmäßige Bäcker an; sie
werden wohl kaum sämtlich zugleich in Bremen verkauft
haben[2].

Was die Einwirkung fremder Backarten auf die Bremer
Brotherstellung angeht, so ist des Einflusses der französischen
Bäcker schon gedacht. Auch die Änderung der Backart der
Schönbrote beruht vielleicht auf auswärtigem Einfluß. Für
die Grobbäcker haben wir eine solche Einwirkung, allerdings
erst für eine späte Zeit, bezeugt. 1859 bitten sie, das Roggenbrot mit Aussonderung der Kleie herstellen zu dürfen, weil
es in den hannoverschen Orten so Brauch sei[3].

5. Bremer Bäcker auf auswärtigen Märkten.

Während Weiß- und Grobbäcker ihre Ware hauptsächlich
in der Stadt vertrieben[4], pflegten die Kuchenbäcker auch die
Märkte des Stiftes zu beziehen. Dort verfuhr man im Laufe
des 18. Jahrhunderts ähnlich mit ihnen, wie man in Bremen
die auswärtigen Bäcker behandelte. Die Bevorzugung der
heimischen Produzenten trat auch im Stift immer mehr in den
Vordergrund; der Absatz der Bremer Kuchenbäcker wurde
dadurch immer mehr beschränkt. Bis 1742 brauchten sie dort
überhaupt keine Akzise zu bezahlen. Dann begann man das
zu den Kuchen verwandte Weizenmehl zu besteuern[5]. Die
auswärtigen Bäcker, also auch die Bremer, mußten den
doppelten Satz von dem, was die Einheimischen bezahlen
mußten, erlegen. Für braune, gelbe Zucker- und Korinthen-
kuchen sollten von ihnen auf den Rt. 6 Schillinge bezahlt

---

[1] S. 2 u. I, 12 c. — Heimliche Einfuhr, auch aus Celle, 1607, 20, 53, 87,
1800, 14, S. 2 u. I, 7 und 12 a, S. 2 u. II, m 3.

[2] S. 2 u. I, 12 c.

[3] S. 2 u. II, a 1. Die Erlaubnis wird für 2½-, 5- und 10-Pfund-Brote
erteilt.

[4] Vom Versand erfahren wir nichts. Dünzelmann, Beitr. z.
Bremer Verfassungsgesch. (Br. Jb. XVII) berichtet von einem Grob-
bäcker, der 1750 zum Verdruß der Bergenfahrer an Berger Fischer
Kommißbrot verhandelte.

[5] Das Roggenmehl war abgabefrei.

werden. Die weiteren Bestimmungen der braunschweig-
lüneburgischen Regierung zeigen deutlich die Absicht, den
Handel der Bremer möglichst zu erschweren. 1768 will eine
Verfügung den Verkauf fremder Kuchen auf dem Wege von
und zu den Märkten verhindern. Die Kuchenbäcker sollen
von nun an, da sie auch des Schmuggels verdächtig sind, ihre
Kisten versiegeln und einen Eid leisten, daß sie nicht hausieren
(unterwegs verkaufen) wollen. Natürlich protestieren die Be-
troffenen; wenn man ihnen solche Schwierigkeiten mache,
habe die Beschickung der Märkte, die nur 1—2 Tage dauerten,
für sie keinen Zweck[1]. Die Beschwerde hilft nichts; erst
später[2], als der Senat vermittelt, bequemt sich die braun-
schweigische Regierung zu einer Milderung dieser Bestimmungen. Die Kuchenbäcker verpflichten sich, für die
Märkte von Beverstädt, Scharmbeck, Sandstedt, Osterholz und
Neuenkirchen nicht mehr als 20 Pfund Weizenmehl in den
dorthingebrachten Kuchen zu verwenden; für den Markt von
Altenwalde sollten 40 und für den von Neuhaus (Belmer
Markt) 80 Pfund nicht überschritten werden. Für je 10 Pfund
sollte 1 Schilling Abgabe entrichtet werden[3].

Zweiter Abschnitt.
Das Amt der Weißbäcker.

Siebentes Kapitel.
Die Rollen und die Leitung des Amts.

Über die Entstehung des Bremer Bäckeramtes fehlen
urkundliche Zeugnisse[4]. Die ältesten Rollen fielen einem
Brande im Jahre 1600 zum Opfer[5]. 1366 waren die Bestimmungen einer Revision unterzogen worden. Das Aufsichts-
recht des Rates wurde verschärft. Die Morgensprachsherren
nahmen von nun an an den Versammlungen im Auftrage des
Rates teil. Die Bestimmungen über die Aufnahme, den Austritt aus dem Amte und das Vorrathalten von Getreide und
Mehl, die in den Antiqua de anno 1303 und den Nova de
anno 1433 erwähnt werden, ebenso wie die aus den Jahren

---

[1] 1770, S. 2 u. III, 6 a. Der Verkauf auf der Hin- und Rückreise
war also doch wesentlich.
[2] 1782, S. 2 u. III, 6 a.
[3] S. 2 u. III, 6 a.
[4] Vgl. Abschn. 1, Kap. 1.
[5] 1636, S. 2 u. I, 7. Ratsdenkelbuch fol. XI a: „alzo dat aleweghe
twe radheren en ammet vorstan scholet, unde dat io de ene zy in deme
ede unde de andewe buten den ede . . .“ Ende des 14. Jahrh. (nach
Böhmert, U. 12).

1303 und 1428 überlieferten Verbote der Vereinigung von Brauerei und Bäckerei, werden wohl auch in den alten Rollen gestanden haben. Die Kundigen Rollen (1450 und 1489)[1], die auch Gewerbeverfügungen enthalten, wurden bis 1756 jährlich am Sonntag Laetare nach der Morgenpredigt um 10 Uhr der auf dem Markte versammelten Bürgerschaft durch den ältesten Sekretär von einem Fenster des Rathauses verlesen[2]. Eine Archivarnotiz aus dem Anfange des 19. Jahrhunderts spricht dann von einer Bäckerrolle aus dem Anfange des 16. Jahrhunderts[3]. Ebensowenig wie diese ist eine Rolle von 1566, die 1607 und 1687 genannt wird, vorhanden[4]. Von ihrem Inhalt wissen wir gar nichts. Wir können nur vermuten; daß sie ähnlich gelautet haben wird, wie die erste erhaltene des Jahres 1591, die vollständig überliefert ist. Sie ist in einer Kopie des Jahres 1636 erhalten. Die nächste Ordnung von 1655 ist eine Verkürzung der ebengenannten; ihre Überlieferung stammt aus dem Jahre 1681. In der Folgezeit beschränkt man sich auf Abänderungen und Ergänzungen[5]. Eine besondere Stellung nimmt die 1812 in der Franzosenzeit erlassene Ordnung ein. Charakteristisch für sie ist der ausschließlich militärische Gesichtspunkt, unter dem sie abgefaßt ist. Der Hauptwert wird auf das Vorrathalten der Bäcker gelegt[6]. Durch Verordnung vom 26. Februar 1814 wurden die Ämter und Sozietäten wieder in ihre Rechte eingesetzt. Im März formulierte man die Bedingungen, unter denen diejenigen, die in der französischen Zeit Meister geworden waren, ihr Gewerbe fortsetzen durften[7]. Die Stürme des Jahres 1848 überdauerte das Bäckeramt gleich den übrigen Handwerkerorganisationen. Auch in der Gewerbeordnung von 1851 ist es unter den ausdrücklich genannten Ämtern. Erst 1861 mit der Erklärung der Gewerbefreiheit wurden seine Privilegien hinfällig. Es zog aber erst 1864 die Konsequenz und löste sich auf.

Außerdem gibt es noch Gesellenordnungen. Wann sie zuerst in Bremen erlassen sind, ist nicht bezeugt. Solche liegen vor aus den Jahren 1721, 1764 und 1768 mit einer Ergänzung von 1789 und von 1834 mit Zusätzen von 1847 und 1848[9].

[1] Oelrichs, a. a. O.
[2] Oelrichs, Vorbericht S. 43. Am Sonntag vorher wurden sie auch in allen Kirchspielkirchen verlesen (Nachricht von den Bremer Beer Tunnen).
[3] Vom Archivar Ph. J. Heinecken (1801—08), Rolle von 1536?
[4] S. 2 u. I, 7; auch 1637: 1565?
[5] S. 2 u. I, 1. Sie sind zum Teil nicht erhalten, so fehlt die Ergänzung von 1759.
[6] S. 2 u. I, 1.
[7] Böhmert, Beiträge zur Geschichte des Zunftwesens. Leipzig 1862, U. 63, 64, 68.
[8] S. 2 u. I, 1 und 5.

Für alle Bäcker sind, abgesehen von den erwähnten Brottaxen, auch die allgemeinen Backordnungen verbindlich, die aus den Jahren 1591 und 1650 vorliegen[1].

Die Aufsicht über das Amt führten seit 1366 die beiden Morgensprachsherren[2]; sie waren Ratsmitglieder und mußten an den Versammlungen teilnehmen[3]. Für ihre Mühewaltung bekamen sie einen Teil der Amtseinnahmen an Strafen und Eintrittsgeldern[4]. Ihnen stand das Recht zu strafen zu, das vorher die Amtsmeister selbständig ausübten[5]. Sie hatten dafür zu sorgen, daß das Amt keine eigenmächtigen, dem Willen des Senats nicht entsprechenden Beschlüsse faßte.

Die Vertretung des Amtes lag in den Händen des Alt- und des Jungmeisters, die an Fabian Sebastian gewählt wurden[6]. Der neue Altmeister scheint von dem abgehenden vorgeschlagen zu sein. Man nahm dazu einen der ältesten Meister, die als die geeignetsten Träger der Tradition erschienen. Aus dieser Sitte ergab sich allmählich der Übelstand, daß mehr auf Alter als auf Fähigkeit gesehen wurde. Der Gewählte durfte ablehnen, wenn er bereits zweimal Altmeister gewesen war, wenn er das sechzigste Lebensjahr überschritten hatte[7] und wenn er krankheitshalber nicht mehr fähig war[8]. 1851 beschloß man, den Altmeister aus der Zahl der gewesenen Jungmeister zu nehmen[9]. Damals hob man auch die Abgabe auf, die der gewählte Altmeister zu bezahlen

---

[1] S. 2 u. I, 1. Über die Statuten der Grobbäcker und Kuchenbäcker vgl. unten.

[2] 1636, S. 2 u. I, 17. Sie konnten auch die Aufnahme von Bewerbern erzwingen, so 1815, S. 2 u. I, 20 a.

[3] Die Versammlungen hießen Morgensprachen; wer eine solche berief, hatte eine bestimmte Geldsumme zu bezahlen. Bei einer „drögen" Morgensprache bekam der Berufende sein Geld wieder, wenn er in dem Streitfall recht hatte. 1655, S. 2 u. I, 1.

[4] 1686, S. 2 u. I, 1: sie erhielten die Hälfte des Aufnahmegelds der Lehrknaben = 3 Rt. 1637, S. 2 u. I, 2 a 1: sie erhielten die Hälfte der Strafe von 40 Rt., die von einem Mitglied für voreheliche Beischlaf verwirkt war, S. 2 u. I, 1, 1650 wird die Bezahlung der Strafen aus der Amtskasse untersagt, 1697 (S. 2 u. I, 13 a) betont, daß die Strafe den einzelnen treffen sollte.

[5] Nach der Chronik von Rynesbuch und Schene (vgl. Böhmert, S. 7; Lappenberg, Geschichtsquellen d. Erzstifts und der Stadt Bremen, S. 74) erhielten die Ämter 1273 die Gerichtsbarkeit; auch Alt- und Jungmeister werden dort zuerst erwähnt. Gegen das Urteil der Morgensprachsherren konnte innerhalb von 14 Tagen beim Senate Berufung eingelegt werden. 1806, S. 2 u. I, 10.

[6] 1650, 1655, S. 2 u. I, 1. Wohl seit Gründung des Amts.

[7] 1726, S. 2 u. I, 3 und 19 b. Man forderte sogar einen Eid.

[8] 1851, S. 2 u. I, 1. 1726, S. 2 u. I, 19 b.

[9] Die Bestimmungen waren sicher schon lange vorher verbindlich. Daß der Altmeister vorher Jungmeister gewesen sein mußte, geht m. E. auch aus der niedrigeren Abgabe hervor. 1655, S. 2 u. I, 1. Auch die Nachfolge eines Amtsmeisters, der in seiner Amtszeit starb, war genau geregelt.

hatte. Er hatte 8 Rt., der zum erstenmal gewählte Jungmeister 20 Rt. zu erlegen.

Berufung und Leitung der Amtsversammlungen[1] lagen in
der Hand von Alt- und Jungmeister. Ihre wichtigste Tätigkeit war in älterer Zeit der Einkauf des Korns, den sie mit
zwei anderen Meistern zusammen vornahmen. Da sie so eine
größere Quantität kaufen konnten, so wurde eine billigere
Beschaffung des Korns für die Mitglieder des Amtes ermöglicht,
als wenn jeder Meister gezwungen gewesen wäre, selbst seinen
verhältnismäßig geringen Bedarf einzuhandeln. Die Quantität
wurde dem einzelnen zugemessen. Amtsmitglieder, die als
säumige Zahler galten, mußten auf Verlangen Bürgen stellen.
Die Amtsmeister wurden vor Verlust des ausgelegten Betrages sichergestellt. Zahlte ein Schuldner nämlich nicht, so
durften die Bürgen nicht eher backen und die Fenster öffnen
d. h. verkaufen, als bis das Geld bezahlt war[2]. Die Schuld
ging auch auf die Erben über[3]. War auf keine Art und
Weise Geld zu bekommen, mußte die Amtskasse einspringen.
Beim Einkauf sollten die Meister nichts verdienen, auch den
Rabatt mußten sie an die Kasse abliefern. Diese verwalteten
sie unter Mitwirkung der „Beiständer"; jährlich mußten sie
vor dem ganzen Amte Rechenschaft ablegen; kein Mitglied
durfte die Versammlung verlassen, bevor das geschehen war[4].

Die Stellung der Amtsmeister war durchaus eine Ver-
trauensstellung. Sie wurde in der Blütezeit der Zunft auch
ohne Zweifel als eine Ehre aufgefaßt. Später hatte die
Stellung in doppelter Hinsicht große Unannehmlichkeiten. Die
mit der Würde eines Amtsmeisters verbundenen Lasten waren
im Laufe der Zeit sehr gewachsen. Am Anfange seiner
Amtszeit hatte der Altmeister[5] eine Kost zu geben, die mit
der Zeit zu einer erheblichen Belastung wurde.

Die andere unangenehme Seite in der Stellung des Altmeisters lag in der Befugnis der polizeilichen Aufsicht be-
gründet. Auch hier machte sich der oben bei den Taxen
näher geschilderte Wechsel der Anschauung von dem Wesen
des Amtes geltend. Es war ein Unding, daß seine Vertreter,
die seine Interessen wahrnahmen, zugleich auf die Durch-

---

[1] Außerdem gab es das sogenannte kleine Amt, das aus den
Morgensprachsherren und einem Ausschuß der Meister bestand; ihm lag
die Schlichtung der Streitigkeiten zwischen Gesellen und Meistern ob.
Nur einmal erwähnt: 1817, S. 2 u. I, 11.

[2] 1591, S. 2 u. I, 1. Gemeinsamer Bezug des Rohmaterials findet
sich auch bei den Tüffelmachern (vgl. Böhmert, S. 19).

[3] 1655, S. 2 u. I, 1. Sie wurden auch selber nicht eher aufgenommen,
bis die Schuld bezahlt war.

[4] 1591, S. 5 u. I, 1.

[5] Archivarnotiz, S. 2 u. I, 1. Die verlorene Rolle aus dem Anfang
des 16. Jahrhunderts enthielt auch eine Nachricht über die Kost des
Jungmeisters, vgl. unten Kap. 9, Schluß.

führung einer Einrichtung dringen sollten, die sie für sich
und das Amt als lästigen Zwang empfanden. Wir hören auch
nirgends, daß eine Anzeige von Amtsmitgliedern durch sie
erfolgt sei.

Achtes Kapitel.

Die Aufnahme in das Amt.

Die Bedingungen für die Aufnahme in das Amt der
Weißbäcker änderten sich nicht nur hinsichtlich der Zahl,
sondern auch in bezug auf den Zweck, in dem sie erlassen
waren. Stand im Anfange die Leistungsfähigkeit der Zunft
im Vordergrunde des Interesses, so galten die späteren Bestimmungen der Beschränkung der Zahl in der Absicht, den
einzelnen Mitgliedern bessere Lebensbedingungen zu schaffen.
Besonders scharf treten diese Grundsätze im ersten und letzten
Teil der Entwicklung hervor.

Die älteste überlieferte Bedingung für die Aufnahme in
die Zunft ist der Nachweis eines Vermögens von 20 Mark[1].
Um den Kredit des Amtes nicht zu schwächen, mußte die
Aufnahme unvermögender Bürger vermieden werden. Stellt
diese Bestimmung schon eine Bremer Eigentümlichkeit dar, so
ist das in noch viel höherem Grade bei der darauffolgenden
Bemerkung der Fall, die die Niederlegung des Bäckerhandwerks
an ein Vermögen von 200 Mark knüpft. Man wird dabei
kaum an Meister denken dürfen, die sich im Alter zur Ruhe
setzten. Da aber ein Übergang von einem Erwerbszweig zum
anderen in der Zeit des entwickelten Zunftwesens schwer
denkbar ist, so wird wohl anzunehmen sein, daß diese Bestimmung eine Reminiszenz an die vorzünftige Zeit darstellt.
Es drängt sich da eine Parallele mit der Entstehung des
Grobbäckergewerbes in Bremen auf, das von der gelegentlichen
Ausübung zum dauernden Handwerksbetrieb fortschritt. Vielleicht ist die Entwicklung bei den Weißbäckern ähnlich ver-
laufen. Für eine gesicherte Brotversorgung der Stadt war
allerdings die Ständigkeit des Backbetriebs durch dieselben
Personen von hoher Wichtigkeit. Man geht wohl nicht zu
weit, darin eine der Ursachen für die Gründung der Bäcker-
zünfte überhaupt zu sehen.

Diese Bestimmungen fanden keine Aufnahme in die Zunftrolle von 1591, die die älteste bremische ist, die wir besitzen.
Weiter ist in diesem Statut auffällig, daß über die Ausbildung

---

[1] Oelrichs, a. a. O. 1303 und 1433. Die Bäckeramtsrollen von
1591 und 1655 (S. 2 u. I, 1) verlangen 30 Taler. — Bei den Schuhmachern
(vgl. Böhmert, U. 3, 1308) wurde 8 Mark gefordert. Auf derselben
Linie liegt die gleichzeitige Forderung des Haltens eines Reserve-
vorrats, vgl. Kap. 9.

der Lehrjungen nichts gesagt ist [1]. Auch das Vorweisen des Lehrbriefes fehlt unter den Aufnahmebedingungen. Man begnügte sich mit dem letzten Gesellenzeugnis. Dagegen wird ausdrücklich das Bürgerrecht [2] und der schriftliche Nachweis freier, ehelicher Geburt genannt. Das Eindringen Unfreier in die Zunft war nur in den ältesten Zeiten zu befürchten, dagegen blieb die Bedingung der ehelichen Geburt auch später von großer Bedeutung, charakteristischerweise aber dann in engherzigster Auslegung [3]. 1637 wird einem Sohne eines Weißbäckers die Bitte um Aufnahme in das Amt abgeschlagen, da er bereits 20 Wochen nach der Eheschließung seiner Eltern geboren sei. Daß der Vater damals nur nach Zahlung einer bedeutenden Geldstrafe im Amte bleiben durfte, wurde nicht beachtet. Der Rat erzwang dann die Aufnahme dieses Meisters. Das Weißbäckeramt aber veranstaltete unter den 12 anderen großen Ämtern Bremens eine Umfrage, wie sie es in dieser Frage hielten; da ergab sich, daß 10 sich ohne Einschränkung zu diesem Grundsatz bekannten. Das Weißbäckeramt büßte seinen Vorwitz mit 100 Rt., die ihm der erzürnte Rat wegen der nachträglichen Umfrage zudiktierte [4].

Waren alle Vorbedingungen erfüllt, so mußte der Geselle [5] bei einem Meister ein Jahr arbeiten; bei Beginn des Jahres mußte er ausdrücklich erklären, daß er es täte, um das Amt zu gewinnen. Nach Ablauf der Zeit sollte er bei einem beliebigen Meister zwei Malter Korn zu Brot verbacken. Die Amtsmeister hatten darüber zu befinden, ob das Brot gut gebacken sei und so die Aufnahme stattfinden könne. Sie konnte nachträglich für ungültig erklärt werden, wenn „üble Briefe" kamen, die der Betreffende nicht widerlegen konnte. Durch diese Probezeit und Prüfung suchte man den Zuzug unfähiger Bäcker zu verhindern. Seit wann der Befähigungsnachweis gefordert wurde und wie lange er in Gebrauch war, läßt sich nicht sagen [6].

---

[1] 1584 (S. 2 u. I. 6) bezahlte der Lehrknecht 1 dal.; 1686 betrug das Eintrittsgeld 6 Rt. (S. 2 u. I, 1); es sollte weder erlassen noch ermäßigt werden.

[2] Bei den Schuhmachern schon 1274 (vgl. Böhmert, S. 15).

[3] Zu welchen Auswüchsen diese Bestimmung führte, zeigt Böhmert, S. 40.

[4] S. 2 u. I, 2 a 1. Das Knochenhaueramt versichert freimütig, sie nähmen es nicht so genau, wenn es nur Brautleute wären. Das Schneideramt verweigert merkwürdigerweise überhaupt die Auskunft. Ein weiterer Fall wird 1648 (S. 2 u. I, 2c) erwähnt. 1747 (ebend.) hat das Amt gleich bei der Geburt eines Knaben in ähnlichem Falle beschlossen, ihn später nicht aufzunehmen, doch stößt es 1772 den Beschluß selbst um. — Das Verbot des vorehelichen Beischlafes tritt in der Weißbäckerrolle erst 1655 auf; es scheint auf besonderen Wunsch der Bäcker der Rolle von 1591 hinzugefügt zu sein.

[5] Über den Unterschied zwischen Fremden und Amtsverwandten s. unten.

[6] S. 2 u. I, 1. Auch die Schneider verlangten ein Meisterstück. Die

War im 16. Jahrhundert schon die Erlangung der Amts-
meisterschaft an eine ganze Reihe Bedingungen geknüpft, so
wurden im 18. und 19. Jahrhundert die Anforderungen für
Fremde noch gewaltig gesteigert. Zur dreijährigen Lehrzeit[1]
kam eine achtjährige Gesellenzeit[2]; weiterhin kam die Forderung einer wenigstens zweijährigen Wanderzeit hinzu[3]. Die
Pflicht des Wanderns scheint man im Anfang des 19. Jahrhunderts nicht mehr gerne auf sich genommen zu haben; man
hielt es für nötig, von neuem auf den Nutzen hinzuweisen.
Durch Bäcker, die auswärts Erfahrungen gesammelt hatten,
hoffte man das Bremer Brot verbessern zu können[4]. 1808
will man dem Gesellen, der zwei Jahre gewandert hat, bei
Erteilung der Aufnahmeberechtigung den Vorzug geben[4].
Noch in demselben Jahre wird eine Zwangsbestimmung daraus.
Seit 1816 finden sich mehrfach Anträge auf Befreiung vom
Wandern[5]. Als ausreichende Entschuldigungsgründe werden
Notlage und durch ärztliches Zeugnis beglaubigte Gebrechen
angesehen[6]. Auch erließ man wohl ehemaligen Freiheits-
kämpfern, die darum baten, diese Verpflichtung[7]. 1821 wurde
der Wanderzwang aufgehoben, jedoch durch die Gewerbeordnung von 1851 wieder eingeführt[8]; auch dann scheint
aber die Befreiung unschwer zu erlangen gewesen zu sein[9].

Die genannten Bedingungen hätten nun wohl an sich
günstig wirken können, wenn sich nicht neben und im Zusammenhang mit ihnen ein Grundsatz ausgebildet hätte, der
Engherzigkeit bei den Zunftmitgliedern und Haß bei den
Außenstehenden hervorrufen mußte. Es war dies die un-
gleiche Behandlungsweise der Aufnahmebegehrenden. Eine
besondere Bevorzugung erfuhren seit alter Zeit die Söhne der
Bäcker und die Verlobten der Amtstöchter und Amtswitwen.
Schon die Rolle aus dem Anfang des 16. Jahrhunderts, die
nicht mehr erhalten ist, scheint einen solchen Unterschied

ältesten Rollen des Schusteramts enthalten diese Bedingung nicht (vgl.
Böhmert, S. 18, 21).

[1] Auch 1768, S. 2 u. I, 6.

[2] 1723, S. 2 u. I, 1; 1745. S. 2 u. I, 4; S. 2 u. I, 2 a 1. Demjenigen, der
eine Meisterswitwe heiratet, dürfen die Morgensprachsherren eine kürzere
Zeit bewilligen. — 1746, S. 2 u. I, 7.

[3] 1682, S. 2 u. I, 5. Die Bestimmung wurde wohl im 19. Jahrhundert
nur neu in Erinnerung gebracht. 1682 bittet Cord Kappelmann, sein
Testament vor der Wanderschaft machen zu dürfen, da er noch minder-
jährig ist.

[4] 1808, S. 2 u. I, 1 und 2 a 1.

[5] 1816, 20, S. 2 u. I, 2 b. Ein Antrag auch 1809.

[6] Dispens erteilt: 1809, 16 (2), 17, 18, 19 (2), 56; verweigert: 1809,
20 (4). S. 2 u. I, 2 b.

[7] 1817, S. 2 u. I, 2 b. Ein derartig begründetes Gesuch wird abgelehnt, weil der Bewerber den Meistern zuerst falsche Angaben gemacht hat.

[8] 1821, 51, S. 2 u. I, 2 b.

[9] 1851—60, S. 2 u. I, 5, 10 Fälle.

enthalten zu haben, wie überhaupt wohl dieser Brauch bis in
die ersten Zeiten der Zunft zurückzudatieren ist. Diese
Rolle betont, daß hinsichtlich der Höhe des Aufnahmegeldes
kein Unterschied zwischen Fremden und Amtsverwandten zu
machen sei. Es wird also wohl in anderer Beziehung eine
verschiedene Behandlungsweise üblich gewesen sein [1]. 1591
und 1655 besteht die Bevorzugung für die Amtsverwandten
in der Hauptsache darin, daß sie keine Probezeit abzuleisten
brauchen [2]. Außerdem konnten die Meistersöhne schon mit
20 Jahren ins Amt treten, während die Fremden 26 Jahre
alt sein mußten [3]. Der Vater konnte auch ohne weiteres
seine Backstelle seinem Sohne übertragen [4]. Auf den Krugtagen nahmen die Amtssöhne bevorzugte Plätze ein [5]. Wie
zäh diese an ihren Vorrechten festhielten, zeigte sich gelegentlich der Einführung der zweijährigen Wanderzeit für
Meistersöhne im Jahre 1810 [6]. Besonders erbittert war das
Amt darüber, daß es die Einführung einem Antrage der Gesellen zu verdanken hatte. Zwei Gründe, die nach Ansicht
der Meister dagegen sprachen, verdienen angeführt zu werden.
Einerseits klagten sie, daß es infolge der Aufhebung der
Zünfte in vielen Teilen Deutschlands für die Gesellen schwierig
wäre, Arbeit bei einem Zunftmeister zu finden und andere
kamen naturgemäß nicht für die Amtssöhne Bremens in Frage [7].
Andererseits aber brauchte man diese in der Stadt selbst, da
der Zuzug fremder Gesellen durch die französische Konskription
weiter stark vermindert würde. Der Protest half nichts, der
Senat hatte damals auch wirklich Wichtigeres zu tun.

Die Aufnahme ins Amt war ferner mit einer Abgabe-
zahlung verbunden. Auch hierin machte man seit 1591
zwischen Fremden und Amtsverwandten Unterschiede. Der
Bäckerssohn bezahlte 5 Mark an das Amt und 1 Mark als
Prüfungsgebühr je an die Morgensprachsherren und die Amtsmeister, während der Fremde 50 Taler und je 2 Mark an die
genannten Personen zu entrichten hatte [8].

[1] S.2 u. I, 1, Archivarnotiz. Immerhin wäre es auch denkbar, daß
diese Bemerkung auf die gegensätzliche Anschauung zu anderen Ämtern
hinweisen sollte.
[2] S:2 u. I, 1. Der Fremde mußte angeben, ob er „das Amt be-
fryen", d. h. einheiraten wollte oder ob er „up sinen buddel eschen",
d. h. das Amt auf sein Vermögen hin begehren wollte.
[3] Erst 1834 erwähnt, S. 2 u. I, 5.
[4] 1834. S.2 u. I, 2 a l. die Genehmigung des Senates wird in diesem
Falle stets erteilt sein. Die Vererbung der Meisterschaft findet sich
bei den Schuhmachern schon 1300 (vgl. Böhmert, S. 76).
[5] 1768, Gesellenordnung, S.2 u. I, 1.
[6] 1810, S.2 u. I, 2b.
[7] Auf die Zunftmäßigkeit legte man noch im 19. Jahrhundert
großes Gewicht. Auch wurde es 1846 gerügt, wenn ein Bäckersohn
bei seinem Vater lernte, S.2 u. I, 5.
[8] 1591, 1655, S.2 u. I, 1.

Die größte Erschwerung hinsichtlich der Aufnahme wurde
1804 durch die Schließung des Amtes herbeigeführt [1]. Be-
gründet wurde diese Neuerung etwas oberflächlich damit, daß
man die alten Backstellen erhalten und die Errichtung neuer,
die viel Geld kosteten, verhindern müsse. In Wahrheit bildet
die Schließung des Amtes den Schlußstein einer langen Ent-
wicklungsreihe. Schon seit dem 17. Jahrhundert hatten die
Bäcker Versuche unternommen, die Konkurrenz zu bekämpfen.
Da der Kampf nach außenhin nicht den gewünschten Vorteil brachte, so hatte sich das Bestreben auf die Eindämmung
der Konkurrenz innerhalb des Amtes, also auf die Beschränkung der Zahl, gewandt. Dies hatte man in Senats-
kreisen, wie die Abhandlung des Dr. Gildemeister von 1799
zeigt, bereits erwogen [2]. Durch ein hohes Eintrittsgeld die
Bewerber, die nicht einheirateten, abzuschrecken, war 1803
nicht bewilligt worden [3]. Im folgenden Jahre wurde die Zahl
der Weißbäcker auf 38 beschränkt [4]. Die Bewerber um Backstellen sollten nach der Reihenfolge ihrer Meldung in eine
Liste eingetragen werden (Expektanten- oder Aspirantenliste).
Vakanz trat ein, wenn ein Bäcker ohne Hinterlassung einer
Witwe oder wenn eine Bäckerswitwe starb. War ein Sohn
im Alter von wenigstens 24 Jahren vorhanden, so mußte sich
dieser innerhalb von drei Monaten entscheiden, ob er die
Bäckerei fortsetzen wollte oder nicht. Im letzten Falle, oder
wenn kein berechtigter Nachfolger da war, bekam der erste
auf der Liste die Stelle [5]. Beim Tode des Mannes suchte
meistens die Witwe noch eine Zeitlang weiter zu backen,
damit bei Verkauf der Wert des Hauses nicht vermindert
würde [6]. Ein Haus, das Backstelle war, war natürlich mehr
wert. Nach Schließung des Amtes war der Verkauf einer
Backstelle nur an den ersten auf der Liste erlaubt [7]. Wer

---

[1] 1804, S 2 u. I, 1.
[2] 1799, S. 2 u. I, 13 b, gelegentlich der Verhandlungen über die
Brottaxe.
[3] 1803, S. 2 u. I, 2 a 1. 5—600 Rt. Die Vorteile des Einheiratens
werden eingehend geschildert. — 1786, S. 2 u. I, 2 c. Wenn man einen
Gesellen nicht haben wollte, ließ man ihn sich überall Körbe holen.
Wem man dagegen wohlgesinnt war, bei dem nahm man es nicht so
genau mit den Bedingungen. 1699, S. 2 u. I, 6. Aus Minden kommt Beschwerde darüber, daß die Weißbäcker einen Lehrknaben schon nach
12 oder 13 Wochen aus der Lehre geschrieben haben, wofür man dann
die Entschuldigung hat, daß er „bejahrt und in einer gedeihlichen
Heirat begriffen gewesen wäre".
[4] S. 2 u. I, 2 a 1. 1827 kommt eine neue Backstelle dazu, die 39.
Sie soll aber wieder eingehen. Die Zahl der Meister war zeitweilig
größer, da Meistersöhne als Meister im elterlichen Hause mitarbeiteten.
[5] 1808, S. 2 u. I. 1. Nahm der Meister nicht bis zum Ende des Jahres
den Backbetrieb auf, war er seines Rechtes verlustig. Zulassung außer
der Reihe wurde nicht gewährt. 1835, 40, 44. S. 2 u. I, 2 a 1.
[6] 1711, S. 2 u. I, 1. Die Kinder dürfen noch ein Jahr backen. —
1839, Frist von 6 Wochen. 1786, S. 2 u. I, 9.
[6] 1818, S, 2 u. I, 2 a 2.

die Bäckerei aufgab, sollte nur wieder Meister werden
können, wenn er sich von neuem in die Liste aufnehmen
ließ [1]; das bedeutete praktisch soviel wie die Unmöglichkeit. 1820 wurde diese Bestimmung dahin ergänzt, daß
bei Betriebseinstellung wegen Konkurses oder aus anderen
Gründen das Backen innerhalb von 6 Monaten wieder aufgenommen werden sollte, wenn die Backstelle nicht als er-
ledigt gelten sollte [2].

Meist waren die Bewerber zu langem Warten verurteilt.
Schon 1808 stellt ein Geselle höhnisch fest, daß er, wenn es
nach der Reihe ginge, 83 Jahre alt würde, bis er zur Meisterschaft käme [3]. Er beklagt sich, daß die Liste in seiner Ab-
wesenheit eingeführt sei; er erklärt sie — fälschlich — für
eine böswillige Erfindung des Amtes, der keine Gesetzeskraft
zukomme. 1834 zählte man 48 Expektanten, von denen der
älteste bereits 52 Jahr alt war [4]. Wiederholt suchte man die
Aufhebung dieser Einrichtung zu erreichen oder wenigstens
die freie Käuflichkeit der Backstellen durchzusetzen, ohne an
die Liste gebunden zu sein [5]. Alle Versuche blieben ohne
Ergebnis. Auch hatten wiederholte Anträge um Vermehrung
der Backstellen keinen Erfolg [6]. Auf alle Art suchten die
Bewerber eine Verbesserung ihrer Aussichten herbeizuführen.
Man kaufte dem Vordermann den Platz ab. Der Inhaber des
ersten Platzes auf der Liste war natürlich besonders um-
worben [7]. 1823 wurde dieser Handel zwar verboten, doch
scheint man ihn später stillschweigend geduldet zu haben [7].
Dazu war die Handhabung dieser vielen, einschränkenden Bestimmungen durchaus nicht von Schikanen frei; man versagte
die Aufnahme oder zögerte sie hinaus, auch wenn nur rein
formale Versehen bei der Bewerbung vorgekommen waren [8].

Die Erschwerung der Zulassung zur Meisterschaft er-

---

[1] 1815, S. 2 u. I, 2 a 1.

[2] 1820, S. 2 u. 2 a 1. Dieser Erlaß hängt ohne Zweifel mit folgendem
Ereignis zusammen: 1800 legt eine Bäckerswitwe aus Not ihr Gewerbe
nieder; als sie es 1820 wieder ausüben will, wird es ihr untersagt. Ihr
Sohn erhält aber 1823 die Bewilligung als überzähliger Meister. 1800,
1820, 1823, S. 2 u. I, 2 a 1, S. 2 u. I, 9. Vgl. S. 44 Anm. 4.

[3] 1808, S. 2 u. I, 2 a 1.

[4] 1840, S. 2 u. I, 2 a 1. Schon 1831 gab es Gesellen, die über 40 Jahre
alt waren und über 20 Jahre gewartet hatten.

[5] 1825, 26, 42. S. 2 u. I, 2 a 1.

[6] 1825, 41, 42, 48. S. 2 u. I, 2 a 1.

[7] 1823, 40. S. 2 u. I, 2 a 1. Ein Geselle verkauft seinen ersten Platz
auf der Liste zweimal und wird erst das dritte Mal selbst Meister.

[8] 1815, S. 2 u. I, 20 a. 1826, S. 2 u. I, 2 a 1. 1842, S. 2 a. I, 1. Man machte
sogar einen Unterschied zwischen solchen, die geboren waren, als der
Vater schon Meister war, und solchen, bei deren Geburt er noch Geselle
gewesen war; letztere hatten zwar ein Anrecht auf die väterliche Backstelle, aber keine Vorteile hinsichtlich der Liste und des Ranges unter
den Gesellen. — 1815, S. 2 u. I, 2 e. Klage, daß der Bewerber nicht erfährt, ob er auf der Liste steht oder nicht.

streckte sich im 19. Jahrhundert also auf zwei Punkte. Einerseits wurde die Gewährung der Meisterschaft an eine lange
Ausbildungszeit (Lehrzeit, Gesellen- und Wanderzeit) gebunden,
wozu noch andererseits die Wartezeit kam, bis eine freie
Backstelle zu erwerben stand.

Die Schwierigkeit der Aufnahme führte die Bewerber
dazu, die Niederlassung als Freimeister zu begehren[1]. Aber
auch das wurde nicht gewährt. Da die Gesellen meist ver-
heiratet waren und von ihrem Lohn ihre oft zahlreiche Familie
nicht ernähren konnten, so griffen sie zu anderen Hantierungen.
Als Arbeitsleute, Zigarrenmacher, Seifensieder, Malzer, Branntweinbrenner, Krüger und Höker, aber auch als Grobbäcker
und Bäcker von ausgesiebtem Brot suchten sie sich durch-
zuschlagen[2]. Um ihren Platz auf der Liste nicht zu verlieren,
brauchten sie nur ihre 3 Rt. jährlich in die Gesellenkasse
weiter zu entrichten[3].

Eine besondere Schwierigkeit erhob sich nach der französischen Zeit, als diejenigen, die auf Grund eines Patents von
der französischen Regierung als Bäcker zugelassen waren, die
Aufnahme ins Amt begehrten. Die französische Regierung
hatte nur verlangt, daß der Bewerber majorenn sei, Gehorsam
gegen die Verordnungen verspreche (das war die Hauptsache!),
die Bescheinigung des Anrechts auf eine Backstelle vorwiese
und endlich eine dreijährige Lehrzeit hinter sich habe. Von
Zunftmäßigkeit der Ausbildung, von allen jenen speziellen
Bestimmungen, auf die das Amt so großen Wert gelegt hatte,
fand sich kein Wort mehr. Bei der Neuaufrichtung des Amtes
1814 griffen die alten Statuten und Bräuche wieder Platz.
Der Rat regelte nun genau, wie es mit den Patentbäckern
gehalten werden sollte. Nur wer das Handwerk zunftmäßig
erlernt hatte und sich darüber durch einen Lehrbrief oder
eine sonstige Bescheinigung glaubwürdig ausweisen konnte,
sollte in das Amt aufgenommen werden. Er sollte dann zu
den im Amt üblichen Leistungen verpflichtet sein. Außerdem
mußte der Bewerber im Besitze des Bürgerrechts sein und
durfte kein Nebengewerbe treiben; er mußte sich in der
französischen Zeit wirklich von seinem Gewerbe genährt haben.
Wer keine zunftmäßige Ausbildung nachweisen konnte, durfte
seine Backtätigkeit nur allein ohne Lehrjungen und Gesellen
fortsetzen[4].

---

[1] 1814—40, S. 2 u. I, 7. 1774, 1802, 14, 15, 21, 25 (2), 26, 31, 35, 47,
48, 49 abgelehnt, auch 1833, S. 2 u. I, 20 a.
[2] 1833, S. 2 u. I, 2 a 2, 1835, S. 2 u. I, 5.
[3] 1834, S. 2 u. I, 5. Auch 1851, S. 2 u. I, 2 a 1. Beitragsquittungen von
1836—50. Erwähnungen 1836—38, S. 2 u. I, 5. Wer sich auswärts etabliert,
wird gestrichen.
[4] 1812, S. 2 u. I, 1. 1817, S. 2 u. I, 2 c. — 1814, S. 2 u. I, 2 a 1. Mit der
Vorbildung nahm man es wohl nicht so genau; das Amt klagt: daß sich
ehemalige Schneider, Tuchhändler, Krüger, Weinhändler, Maurermeister.

Neuntes Kapitel.
Die Verpflichtungen der Meister.

Die Meisterlaufbahn begann mit der Übernahme des Botendienstes[1]. Der neue Meister mußte die Versammlungen ansagen und die Beiträge einziehen. Er sollte ein Jahr dieses Amt versehen: kam bis dahin kein „Verlöser", so mußte er noch weiter diese Tätigkeit ausüben[2]. Amtssöhne waren von dieser Dienstleistung befreit; Männer von Amtstöchtern oder Amtswitwen erlangten wohl erst später auch diesen Vorzug[3]. Starb der Bote, so hatte der Vorgänger das Amt wieder zu übernehmen. Schon im 17. Jahrhundert konnte man sich einen Stellvertreter kaufen. Das Amt verlangte jährlich einen Dukaten von dem, der sich freikaufte. Es besoldete dann von sich aus den Stellvertreter[4].

Handelte es sich hierbei um eine Verpflichtung des Meisters dem Amte gegenüber, so haben wir es nun mit solchen zu tun, die vom Rate aus vom Amte der Weißbäcker gefordert wurden. Die Zunftmitglieder sollten die Stadt mit gutem, garen Brot versorgen; sie sollten täglich backen und auch stets mit Brot versehen sein[5]. Als das wichtigste Gebot ist das des Vorrathaltens von Getreide und Mehl anzusehen. Bei den unsicheren mittelalterlichen Verkehrsverhältnissen und den oft plötzlich auftretenden Teuerungen[6] war es überaus wichtig, daß der Bäcker einen Reservevorrat besaß. Nach den Statuten von 1303 und 1433 sollte er aus einem Fuder Roggen und einem Fuder Weizen bestehen, die zur Hälfte bereits in Mehl verarbeitet sein mußten[7]; später wird gelegentlich wieder auf diese Bestimmung hingewiesen, doch scheint nicht mit besonderem Nachdruck auf ihre Durchführung gesehen worden zu sein[8].

Bierbrauer und Tabaksfabrikanten hätten Patente geben lassen. Bezeichnenderweise werden in einem Atem damit auch Grobbäcker und Bäcker von ausgesiebtem Brot genannt. Das Amt faßte übrigens die Bestimmung sehr eng: wer ausgesiebtes Brot hergestellt hatte, sollte auch nur dieses weiter herstellen dürfen. S. 2 u. I, 2c. Böhmert, U. 64.

[1] Vor 1803 gab es auch Titularmeister; das waren Gesellen, die sich, ohne Meister zu sein, eine Backstelle gekauft hatten. Erwähnt: 1817, S. 2 u. I, 2a 2.

[2] 1591, 1655, 1716, S. 2 u. I, 1.

[3] Nur 1655 sind sie darin den Amtssöhnen nicht gleichgestellt.

[4] 1661, 1716, 1720, 1722. S. 2 u. I, 1. 1660 übertrug das Amt einem Mitgliede diese Tätigkeit gegen 15 Rt. jährliche Besoldung. Diese Summe bekam es jedoch nicht ausbezahlt, sondern sie wurde 6 Jahre, die er Bote war, zur Tilgung seiner Schulden bei der Amtskasse verwandt. Der Meister, der sich vertreten ließ, bezahlte aber nicht!

[5] 1650, S. 2 u. I, 1.

[6] Teuerungen in den Bäckerakten nur 1650/51, S. 2 u. I, 12 a, 1771/72, S. 2 u. II, h und 1795, 1806 erwähnt.

[7] Oelrichs, im Anhang der Statuten von 1303 aus den Jahren 1307/08.

[8] 1591, 1655, S. 2 u. I. 1. 1741, S. 2 u. II, m 1.

Noch einmal tritt später die Frage des Vorrathaltens in den Vordergrund, in der Franzosenzeit. Alle Bestimmungen der damals erlassenen Bäckerordnung laufen, da die militärische Sicherung Bremens für die Franzosen die Hauptsache war, darauf hinaus, die Bäcker zu zwingen, einen Reservevorrat für 4 Monate aufzuspeichern[1]. Eine genaue Kontrolle sollte die Durchführung garantieren. Wirtschaftlich im Augenblick sicher nachteilig wirkend, hat diese Maßregel bei ihrem einjährigen Bestehen kaum viel Einfluß auf die Entwicklung gehabt. Die unsichere wirtschaftliche Lage um die Wende des 18. und 19. Jahrhunderts drückte stark auf die Gewerbe, deren Leistungsfähigkeit schon vorher unter ungleich besseren äußeren Umständen gering gewesen war.

Für die jüngeren Meister bestand außerdem die Verpflichtung, in der Schützenkompanie zu dienen. Die Weißbäcker stellten dazu zwei „Freischutten", 8 „schießende" und 8 „abgehende Schutten". 1664 wurde diese Bestimmung aufgehoben[2].

Ungleich drückender war für die neuen Meister die Verpflichtung, bei ihrer Aufnahme eine Amtskost zu geben[3]. Da die Ansprüche immer mehr stiegen, so entwickelte sich daraus eine sehr bedeutende Belastung, die für einen jungen Meister wirtschaftlich höchst nachteilig wirken mußte. 1591 war man noch mit Schinken, Graubrot und Bier zufrieden; 1655 verlangte man schon vier Gerichte und Bier[4], während 1705[5] noch größere Ansprüche gestellt wurden. Diese Kost unterschied sich kaum mehr von der eigentlichen Amtskost. Die Zeit eben vor und nach der Meisterwahl war die Festzeit für das Amt. Am Mittwoch nach St. Fabian erfolgte die Mahlzeit des neuen Meisters, am Tage darauf die Meisterwahl, nach der für die Ältesten und die, die Jungmeister gewesen waren,

---

[1] 1812, S. 2 u. I, 1. Die Bestimmungen galten auch für die Grobbäcker. Der Vorrat sollte unabhängig von dem verbackenen Quantum sein. Das Bureau der Vorsteher darf bei ungenügendem Vorrat diesen auf Kosten der Säumigen ergänzen lassen, ja zu diesem Zwecke Geld aufnehmen.

[2] Böhmert, U. 46. Aus Peter Kosters Bremer Chronik von 1600 bis 1700, zum Jahre 1664. Die Kompanie bestand aus 271 Mann; diese gehörten 14 verschiedenen Ämtern an. — 1591, 1655, S. 2 u. I, 1. Der Meister soll „Schuttschaft verrichten, wenn es ihm gebühren mag".

[3] Diese fand auf dem Brothause statt. 1686, S. 2 u. I, 1.

[4] 1591, S. 2 u. I, 1, ebendort 1655.

[5] 1705. (Hauptquelle außer den Ordnungen von 1591 und 1655 ist ein Heft, das Eintragungen von 1666 bis 1842 enthält, die sich hauptsächlich auf Mahlzeiten und Botendienst beziehen.) S. 2 u. I, 1. Man verlangt: 2 geräucherte Schinken zu 18 Pfund, 2 Bruststücke zu 18 Pfund, eine geräucherte Ochsenzunge, 6 Mettwürste, 2 Hinterviertel vom Kalb zu 20 Pfund, einen Ochsenbraten zu 28 Pfund, einen gebratenen Schinken zu 16 Pfund, eine frischgebratene Ochsenzunge, eine Tonne Bier, Fische und Brot.

vom neuen Altmeister eine Kost gegeben wurde. Man ver-
zehrte ein halbes Kalb, dazu Brot und Bier. Der neue Meister
gab ein Gericht Fische dazu. Nach einer Notiz aus dem Jahre
1699 fand diese Kost als Ersatz dafür statt, daß der Altmeister früher nach Hause geleitet wurde, was große Kosten
verursacht habe; vermutlich hatte er früher das Amt in seinem
Hause bewirtet. Am Mittwoch darauf ergeht die Einladung
an das ganze Amt zur großen Amtskost[1] für den folgenden
Tag. Am Freitag findet die Aufnahme der neuen Lehrknaben
und die Einzeichnung der neuen Meister statt. Abends gibt
es Fische und den Rest Fleisch vom Tage vorher. Bei diesen
Mahlzeiten wurden nur Amtsgenossen zugelassen, nicht einmal
Verwandte der Mitglieder duldete man, wenn sie nicht zum
Amt gehörten[2]. 1681 beauftragte der Senat die Morgen-
sprachsherren, für die Abschaffung der Mahlzeiten zu sorgen.
Aber erst 1756 wurden sie förmlich verboten. Es wird den
Ämtern und Sozietäten bei der Gelegenheit empfohlen, die
sonst hierfür verausgabten Gelder zum Nutzen des Amts oder
einer Sterbekasse zu verwenden. Als die Mahlzeiten abge-
schafft wurden, war das gesellige Moment, das in der alten
Zunft lag, ja schon lange verschwunden[3].

Zehntes Kapitel.

Die Gesellen.

Über die Entwicklung des Gesellenwesens haben wir erst
aus dem 18. Jahrhundert nähere Nachrichten[4]. Die erste
überlieferte Gesellenordnung stammt aus dem Jahre 1721[5];
ob sie die erste war, wissen wir nicht. Daß die Rollen von
1764 und 68 nur eine veränderte Fassung derjenigen von
1721 war, geht abgesehen vom Inhalte auch aus folgendem
Umstande hervor. Letztgenannte Rolle wird als vom Amte
erlassen bezeichnet. Wir müssen die Billigung des Rates
stillschweigend als erfolgt hinzusetzen. Die beiden anderen
Ordnungen sind vom Rate erlassen[6]. Wir werden kaum an-

---

[1] Die Amtskost selbst bestand 1699 aus 2 Bruststücken, 2 Kalbs-
braten, 2 Schinken, 2 kleinen Ochsenbraten, einer drögen Ochsenzunge,
6 Mettwürsten, Brot und Kringeln.
[2] 1688, S. 2 u. I, 5. Eine Witwe beklagt, daß zwei Müller, nahe
Anverwandte ihres Sohnes, nicht kommen dürfen.
[3] 1855, S. 2 u. I, 1. Das Amt behauptet, Mahlzeiten seien niemals
üblich gewesen! 4. Febr. 1681, Senatsdekret, Böhmert, U. 43. —
1756, Böhmert, U. 44. Als Gelegenheiten, zu feiern, werden angeführt:
Wechsel des Altmeisters und des Altgesellen, Rechnungsablage und
Aufnahme eines neuen Meisters.
[4] Sicher wird es einzelne Bestimmungen, die die Gesellen betrafen,
vorher gegeben haben.
[5] S. 2 u. I, 5.
[6] S. 2 u. I, 1 und 5.

nehmen dürfen, daß die Abfassung ohne Mitwirkung des
Amtes erfolgt sei. Seiner Mitwirkung wird nicht gedacht sein,
weil es sich nur um die Herausgabe einer alten Rolle in
veränderter Form handelte.

Den größten Raum nimmt die Regelung der Krugtage
ein. Zu ihnen haben alle Gesellen, d. h. alle, die bei einem
Meister in Lohn stehen, sich einzufinden[1]. Zuspätkommen[2]
und Fernbleiben[3] wird bestraft; ebenso muß derjenige, der
schilt und nicht Frieden hält, eine Buße erlegen[4]. Um 12
(später um 2) Uhr haben sich alle zur Schafferwahl einzufinden. Über den Ausfall ist den Meistern zu berichten. Die
Schaffer haben die Krugtage, die Ostern und Michaelis stattfinden, zu bestellen. Sie haben ferner dem Jungmeister über
die Führung der Gesellenkasse Rechenschaft abzulegen[5]; auch
müssen sie die Gesellen auf Befehl des Amts zusammen-
rufen[6]. Vom Krugtag muß jeder Geselle um 10 Uhr nach
Hause gehen; Ausbleiben über Nacht war strafbar. Um 6 Uhr
sollte er sich entfernen, um „das Saure“ für seinen Herrn
„zu legen“, d. h. den Teig zu säuern[7]. Zum Osterkrugtag
erhalten die Gesellen vom Amte 2 Rt., zu Michaelis 1 Rt.
für Brot. Sonst soll jeder seinen Teil selbst bezahlen. Fremde
Gesellen zahlen 3 Grote, wenn sie in Bremen bleiben, nur
2 Grote Beitrag; sie werden auf Grund eines schriftlichen
Ausweises zugelassen[8]. Sie sitzen am Krugtage über den
Lehrknaben, die Gesellen werden. Amtssöhne, die als Gesellen
dienen, haben gleichen Rang mit den Schaffern[9].

Wichtiger sind die Bestimmungen, die das Verhältnis
zwischen Gesellen und Meistern ordnen. Bei Streitigkeiten
haben sich die Gesellen zuerst an das Amt und die Morgensprachsherren zu wenden[10]. Wer seinen Meister grundlos
verläßt, dem wird der Lohn auf ein halbes Jahr entzogen,
außerdem darf ihm kein Bremer Meister innerhalb dieser Zeit
Arbeit geben[11]. Hat der Meister dem Gesellen Unrecht getan,

---

[1] 1834, S. 2 u. I, 5. Folgende erweiterte Definition gilt ohne Zweifel
auch für die ältere Zeit: Gesellen sind alle diejenigen, die in Bremen
oder anderswo zunftmäßig aus der Lehre geschrieben sind und bei
einem Bremer Meister in Lohn stehen.

[2] 16 Gr.

[3] 32 Gr.

[4] 16 Gr., ev. höhere Strafe durch das Amt; 1764 und 68 Verbot,
ohne Erlaubnis hinauszugehen, Unordnung in der Trunkenheit b. 6 Gr.
Klagen sollen nicht erst am Krugtag vorgebracht werden.

[5] 1764 und 68.

[6] Bei 2—4 Rt. vom Amt.

[7] Bei 6 Gr., die vom Lohn abgezogen werden dürfen.

[8] 1764 und 68, sie müssen richtige Kundschaft haben.

[9] 1764 und 68.

[10] 1721, 64 und 68, S. 2 u. I, 5.

[11] 5 Rt. 1768: ein Jahr keine Arbeit. 1764: Fällt die erste Aufforderung der Witwe nach Johanni oder Neujahr, so muß der Geselle
auch noch das folgende Halbjahr bleiben.

so wird er bestraft. Auch die Lohnfrage ist genau geregelt.
Einer, der eben Geselle geworden ist, erhält 4 Rt. Lohn für
das Halbjahr, der höchste erlaubte Lohn ist 8 Rt. Dazu
kommen noch 48 Gr. Mietegeld (Handgeld) und ebenso viel
Opfergeld (kirchl. Beitrag). Höhere Bezahlung ist strafbar;
nur eine Witwe darf einem Gesellen, der ihr bis zur nächsten
Mietezeit hilft, 9 Rt. geben[1]. Niemand darf sich weigern,
bei ihr zu dienen, wenn sie einen auffordert. Der Geselle,
der sich weigert, und der Meister, der seinen Gesellen nicht
fortläßt, wird bestraft[2]. Auch war die Witwe insofern geschützt, als der Geselle, der „ihr Gut verdarb“, Gefängnis zu
gewärtigen hatte. Wie weitgehend die Bevorzugung der
Witwen war, erhellt auch daraus, daß ursprünglich nicht
einmal Alt- und Jungmeister, selbst wenn sie dieses Amt öfter
bekleidet hatten, Anspruch auf einen bestimmten Gesellen
erheben konnten[3].

Die richtige Zeit zu wandern oder sich einen neuen
Dienst zu suchen, war 14 Tage vor Ostern oder Michaelis.
Zu anderer Zeit sollten die Verträge ungültig sein[4]. Wer vor
der Zeit mietete, wurde bestraft. 1789 wird jedoch die Frage
des Meisters, ob der Geselle bleiben wolle, auch vor der
Mietezeit als erlaubt und die Antwort als bindend anerkannt.
1834 war die Mietezeit auf 4 Wochen vor den genannten
Terminen erweitert.

Die Ordnungen von 1764, 68 und 1834 zeigen geringe
Abweichungen. Unbedeutende Zusätze und weitere Aus-
führungen schon vorhandener Bestimmungen sind fast die
einzigen Abweichungen. Bemerkenswert dagegen ist die von
nun an fehlende Erwähnung der Lohnsätze. Man überließ
ihre Festsetzung wohl ausschließlich den Meistern. Daß der
Altgesell erst 1764 erwähnt wird, spricht kaum gegen das
frühere Vorhandensein dieses Amtes. Die Bedeutung der
Schaffer beruhte hauptsächlich auf ihrer Wirksamkeit auf den
Krugtagen, während der Altgesell der eigentliche Obmann der
Gesellen ist. Ihm händigt der fremde Geselle seine Kundschaft

---

[1] Der Wochenlohn betrug 1834: 30—48 Gr., 1848: 36 Gr. S. 2 u. I, 5.
[2] 10 Rt.
[3] 1764 erhalten die Amtsmeister dieses Vorrecht: Sie brauchen bei
Aufforderung einer Witwe ihren Gesellen nicht herzugeben.
[4] 1741. S. 2 u. I, 5. Als die hannoversche Regierung von Bremen
Bäckergesellen haben will, melden sich 10. Da die Meister sie außer
der Zeit nicht fortlassen wollen, backen die Gesellen, denen von den
Meistern der Lohn und die Kleider vorenthalten werden, nicht. Der
Lohn wird auch nachher nicht ausgezahlt, da die Meister geschädigt
sind. Das Amt läßt sich ausdrücklich von der Wittheit bescheinigen,
daß der Fall der früheren Entlassung ihnen zu keinerlei Präjudiz dienen
solle. — Die Vermietung fand in Gegenwart des Jungmeisters vor ge-
öffneter Lade statt (1768). 1806 konnte der Meister die Gesellen, die
ohne Grund aus der Arbeit gingen, arretieren lassen.

ein; er gibt sie dann an den Jungmeister weiter. Diesem,
dem eigentlichen Vertreter des Amtes den Gesellen gegenüber,
ist jede gewöhnliche Versammlung anzuzeigen. Bei den außer-
gewöhnlichen mußten die Morgensprachsherren befragt werden.
Besprechungen ohne Erlaubnis waren als „Zusammen-
rottierungen" streng verboten[1]. Man gewahrt hier in kleinem
Maßstabe dieselbe Vorsicht der Meister den Gesellen gegenüber, wie sie ehemals vom Rate aus den Amtsmeistern gegenüber angebracht erschienen war. Die Gesellen sollten fleißig
sein und sich jeder Arbeit unterziehen. Ein Schlaglicht auf
die verschiedene Stellung der Gesellen im 18. und 19. Jahrhundert wirft folgender Vergleich. 1764 und 68 heißt es noch,
die Gesellen dürften über den Krugtagen ihre Arbeit nicht
vernachlässigen; 1834 dagegen wird von den Meistern verlangt, sie müßten ihre Gesellen so zeitig fortgehen lassen, daß
sie zur rechten Zeit auf dem Krugtage erschienen, widrigen-
falls die Meister die auf die Verspätung gesetzte Strafe zu
erlegen hätten.

Außer der Gesellenkasse bestand eine Krankenbüchse, in
die jeder am Krugtage drei Grote legen mußte. In beide
Kassen hatten die Lehrlinge, die ausgeschrieben wurden,
d. h. die Gesellen wurden, einen Beitrag zu leisten. Der Inhalt
der Krankenbüchse sollte hauptsächlich zur Verpflegung fremder
Gesellen verwandt werden. Reichte der Betrag nicht, so
mußten die Gesellen zuschießen, konnten aber von dem
genesenen Gesellen die Rückerstattung von $1/3$ bis $1/2$
der ausgelegten Summe verlangen[2]. Die Kranken wurden
auf dem Gesellenkrug untergebracht. Aus dem Jahre 1793
haben wir einen Vertrag, den der Altgeselle der Bäcker mit
einem gewissen Anton Plate für die Jahre 1794—99 über den
Gesellenkrug in der Buchtstraße abschloß[3]. Der Wirt bekommt jährlich 5 Rt. Er verpflichtet sich, das Bäckerschild
vor seinem Hause aufzuhängen, eine Stube im oberen Stock-
werk zur Verfügung der Gesellen bereit zu halten und sie nur
bei besonderen Gelegenheiten anderweitig zu verwenden.
Auch verpflichtet er sich, gegen Bezahlung fremde Gesellen
und „anerkannte" Kranke zu verpflegen. 1836 wird die Herberge von der Buchtstraße in die Hundestraße verlegt[4].

---

[1] Auch Verordn. v. 5. Juli 1728, Spottlieder und Rottierungen verboten, auch nicht nach 10 Uhr auf der Herberge sein. Gedr. bei
Böhmert, U. 56. Über den Gesellenaufstand von 1791 findet sich in
den Bäckerakten nichts (vgl. Böhmert, S. 49 ff.) Eine Schilderung
der Unruhen kann hier um so mehr unterbleiben, da die Bäckergesellen
jedenfalls keine hervorragendere Rolle dabei spielten als die Gesellen
der anderen Handwerke.
[2] 1834 Kranke Gesellen, die an selbstverschuldeten, ekelhaften
Krankheiten leiden, waren von der Unterstützung ausgeschlossen.
[3] S. 2 u. I, 5.
[4] S. 2 u. I, 5. Der Wirt darf nicht krügen. Er hat 5 Rt. Abgabe
an die Stadt zu entrichten.

Dritter Abschnitt.

Die Grobbäcker.

Elftes Kapitel.

Die Totenlade der Grobbäcker.

Der erste Zusammenschluß der Grobbäcker erfolgte nicht zu gewerblichem Zweck. Schon die Herkunft des Feilbackens von Graubrot als eines gelegentlich ausgeübten, dazu noch von der ärmeren Bevölkerung betriebenen Erwerbszweiges war der Errichtung einer Zunft nicht günstig. Vielmehr galt das Grobbacken als frei bürgerliche Nahrung[1]. Da man das Bedürfnis nach einem Zusammenschluß empfand, einigte man sich zunächst in einer Sterbekasse. Beitrittszwang wurde nicht geübt. Da die Organisation dieser Vereinigung auf diejenige der späteren Sozietät stark einwirkte, so müssen wir auch ihre Entwicklung hier verfolgen.

Die Gründung der Sterbekasse der Grobbäckerbrüderschaft[2] erfolgte am 30. Juli 1650; ihre Statuten sind uns nur in der erneuerten Form von 1729 bekannt. Sie wurden dann 1753, um die bis dahin erlassenen Bestimmungen vermehrt, erneut herausgegeben. Die Kasse sicherte ihren Mitgliedern eine standesgemäße Beerdigung zu und zahlte den Hinterbliebenen einen Betrag aus. Auch übernahm sie die Bestattung Bremer Bürger gegen Entgelt[3]. Die Einnahmen der Kasse setzten sich aus dem Aufnahmegeld, dem vierteljährlichen Beitrag, den Zuschüssen[4] und den Strafgeldern zusammen; Ausgaben waren hauptsächlich die den Hinterbliebenen ausgezahlten Beträge.

Aufgenommen wurden nur unbescholtene Bürger, die nicht längere Zeit im Jahre aus Bremen abwesend waren[5]. Hinsichtlich des Einkaufsgeldes bestand ein Unterschied zwischen „Bruderskindern" und Fremden[6]. Für den Mann einer Bruders-

---

[1] Oelrichs, Kund. R. v. 1489, 1656, S.2 u. II, a1.

[2] 1756 scheint das Weißbäckeramt die Gründung einer Sterbekasse geplant zu haben. Jede Handwerkerorganisation trug wohl ihre Toten selbst zu Grabe. 1682 (S.2 u, I, 1) wird ausdrücklich verboten, daß die Toten der Müller vom Amte der Weißbäcker getragen werden (Verbot des Amts).

[3] S.2 u.II, b.

[4] Seit 1820 (S.2 u.II, b) fällt der Zuschuß wegen günstiger Lage der Kasse fort. Aufnahme- und Totengelder stiegen im Laufe der Zeit beträchtlich.

[5] Natürlich mußten sie Grobbäcker sein. Die Einschränkung weist deutlich auf die früheren Verhältnisse hin.

[6] 5:12 Rt. Näheres s. unten. Außerdem wird ein zinnerner Teller und 12 Groten für die Armenbüchse, von den Männern auch noch ein zinnernes Becken verlangt. Vom Eintrittsgeld behalten die Mitglieder

tochter oder Bruderswitwe ging die Bevorzugung verloren, wenn er sich nicht rechtzeitig meldete. Der Austritt aus der Brüderschaft konnte nur nach Bezahlung der Schulden erfolgen. Ausschluß traf den, der zwei Jahre seine Beiträge nicht bezahlt hatte.

Die Aufsicht führen zwei Inspektoren, denen auch die Änderung der Satzungen obliegt. An der Spitze der Brüderschaft steht ein Ältester; dieser wird am Johannistage in der Ansgarikirche aus den drei Nächsten gewählt[1]. Der abgehende Älteste legt dort Rechnung vor den Inspektoren ab, der neue wird von ihnen bestätigt. Ablehnung der Wahl aus Eigensinn zieht Ausschluß aus der Brüderschaft nach sich. Der Älteste verwaltet die Kasse und wacht über das richtige Eingehen der Beiträge und Geldstrafen. Letztere werden verhängt wegen Respektverletzung gegenüber dem Ältesten, Beschimpfung der Brüder, Fluchen, bei Trunkenheit und unziemlichem Benehmen beim Leichentragen, außerdem wegen Zuspätkommens und Fortbleibens von den Versammlungen oder vom Leichentragen[2]. Er vereinbart den Preis für das Tragen einer fremden Leiche[3]. Als Gehilfen bei seinen Amtsgeschäften hat er den Boten zur Seite, der durch Stimmenmehrheit gewählt wird. Er bekommt jährlich 5 Rt.; außerdem erhält er bei der Leiche eines Fremden wenigstens 12 Gr., bei der eines Bruders 6 Gr. Als Leichenbitter muß er vorgezogen werden. Er hat an den vier Terminen (Johanni, Michaelis, Neujahr und Ostern) von jedem Mitgliede den Beitrag von 9 Gr. einzusammeln. Zahlt ein Mitglied nicht, so läßt er bei ihm sein „Bricken" zurück, das dieses ihm samt dem Beitrag binnen einer Woche zuzusenden hat[4]. Auch hat er die Zuschußgelder einzuziehen, die beim Tode eines männlichen Mitglieds 12 Gr., beim Ableben einer Witwe 6 Gr. betragen. Er hat ferner darauf zu achten, daß die Leichentücher geschont werden.

Kein Mitglied darf sich des Tragens weigern; als Entschuldigung gelten nur Alter, Krankheit und nahe Verwandt-

---

5 Rt., wofür sie 18 Gr. Zinsen jährlich bezahlen. Seit 1820 (S. 2 u. II, b) muß voll einbezahlt werden.

[1] Wohl die drei Nächsten nach dem Alter des Eintritts.

[2] Trunkenheit wird höher als Fortbleiben, beides bei der Leiche eines Fremden höher als bei der eines Mitglieds bestraft.

[3] Die Artikel reden hier von Ältesten; damit können entweder die gewesenen Ältesten gemeint sein oder die nach dem Alter des Eintritts Nächsten. (Druckfehler?)

[4] Bei 3 Gr. Strafe. Ein ähnlicher Brauch herrschte beim Schütting. Wie mir Herr Syndikus Dr. Focke in Bremen freundlichst mitteilte, wurden die Mitglieder des Schüttings durch Bricken (lackierte Holzplatten mit dem Wappen des Eltermanns) zu den Sitzungen eingeladen. Außerdem gab es noch Totenbricken (s. auch unten). Vielleicht dienten sie zum Auslosen der Sargträger; vgl. Brickenweide in Büren, die nach den Losen, nach denen die Kuhweiden verteilt waren, benannt war.

schaft mit dem zu bestattenden Toten. Der in solchem Falle nötige Vertreter wird aus der Kasse bezahlt[1]. Herrscht eine Seuche in der Stadt, so geht die Brüderschaft nicht ins Haus; tut ein Mitglied das doch und stirbt es dann infolge der Ansteckung, so erhält es nicht die feierliche Bestattung, die sonst allen Brüdern zusteht, sondern die Hinterbliebenen erhalten nur das Sterbegeld.

Verschiedentlich wurden Zusätze erlassen, so 1744, 1745, 1746 und 1748; Eintrittsgelder, Zuschüsse und Strafen wurden erhöht. In bezug auf den Einkauf der Frau wird festgesetzt, daß der Mann bei ihrem Tode nichts erhalten solle, wenn er sie nicht habe aufnehmen lassen; überlebt sie dagegen den Mann, so wird sie als Fremde angesehen, wenn sie nicht beigetreten ist. Söhne von Mitgliedern und Männer von Töchtern oder Witwen der Brüder brauchen keinen Botendienst zu verrichten. Letztere verlieren aber dieses Vorrecht, wenn sie sich nicht vor der Hochzeit haben aufnehmen lassen[2].

Eintritts- und Totengelder stiegen im Laufe der Zeit beträchtlich. Das Einkaufsgeld stieg für Verwandte der Brüderschaft von 5 auf 30 Rt., für Fremde von 12 auf 65 Rt. Das Totengeld betrug anfangs 5 Rt., 1860 sogar 60 Rt. 1818 erhielten die Hinterbliebenen eines Mitglieds, das über 20 Jahre der Kasse angehört hatte, 40 Rt., während die anderen nur 30 Rt. bekamen. 1860 betrug das Sterbegeld für solche, die 15 Jahre zur Lade gehörten, 40 Rt. Für die Zeit von 15 bis 20 Jahren wurden 50 Rt. und nach mehr als 20 Jahren sogar 60 Rt. ausgezahlt[3].

Die Tracht der Brüder beim Leichentragen war schwarz mit weißen (?) Bäffchen[4]. Das Eigentum bestand 1780 aus 16 schwarzen und weißen Laken, 20 Totenbricken und 57 Brüderbricken u. a.; es wurde in drei Laden verwahrt[5].

Zwölftes Kapitel.
Die Organisation der Sozietät.

Nachdem 1660[6] und 1700[7] die Bitte der Grobbäcker um Gewährung einer Sozietät abgeschlagen war, erreichten sie

---

[1] Er erhält 9 Grote.

[2] S. 2 u. II, b.

[3] S. 2 u. II, a 2 und b. Eintrittsgeld für Verwandte 1729: 5 Rt., 1745: 10 Rt., 1755: 20 Rt., 1786: 30 Rt.; für Fremde 1729: 12 Rt. (für Unverheiratete 6 Rt.), 1745: 20 Rt., 1748: 30 Rt., 1751: 50 Rt., 1802: 65 Rt. Das Totengeld betrug 1745: 10 Rt., 1748: 15 Rt., 1751: 25 Rt., 1786: 30 Rt.

[4] S. 2 u. II. b.

[5] Von den 12 Büchern sind 2 erhalten. Die Abrechnung der Kasse von 1743--72 und das Hauptbuch von 1780—1824 reichend.

[6] S. 2 u. II, a 2.

[7] S. 2 u. II, a 1, 2 und m 2. 1730 hatten sich die Grobbäcker unter sich über einige Punkte verständigt.

1743 ihr Ziel. Totenlade und Sozietät bestanden nun wohl
nebeneinander. Über ihr Verhältnis zueinander wissen wir
nichts. In bezug auf das Eintrittsgeld verweist man in den
Sozietätsartikeln auf die der Sterbekasse. Unklar ist auch
die Frage des Beitrittszwanges. Der erste Artikel redet von
der Vereinigung sämtlicher Grobbäcker. Diese Bestimmung
wurde für die Sozietät aber nicht bestätigt[1]. Stillschweigend
werden die Grobbäcker die Aufnahme jedes Gewerbegenossen
in Bremen erstrebt, vielleicht auch erreicht haben. 1802 wird
der freiwillige Beitritt zur Totenlade betont, wohl im Gegensatz zu dem zur Sozietät[2]. Man wird sich im allgemeinen an
den ersten Artikel gehalten haben, einerlei ob er bestätigt
war oder nicht.

Die von zwei Inspektoren erteilte Rolle wurde für die
Grobbäcker zur „besseren Aufnahme ihrer Profession" und
zur Verhütung von Mißbräuchen erlassen[2]. Die Aufsicht über
die Sozietät führen die beiden Inspektoren[3]; die Vertretung
nach außen und die Verwaltung haben die beiden Ältesten,
die vor dem Antritt ihrer Tätigkeit einen Eid leisten müssen.
Sie werden jährlich am Sonntag nach Ostern aus den 6 (dem
Aufnahmealter nach) folgenden Mitgliedern gewählt. Die Alt-,
Neu- und Vorstadt sind gleichberechtigt. Die Ältesten haben
den Namen der Neueintretenden zu verzeichnen, die Lade
und die Schriften zu verwahren und über Einnahme und Ausgabe Buch zu führen. Für den Inhalt der Lade müssen sie
zwei Bürgen stellen. Ist die Rechnungsablage von der Sozietät
gutgeheißen, so melden sich die alten und neuen Ältesten
bei den Inspektoren und bitten um eine Kommission[4]. Dort
legen die abtretenden Ältesten die Reinschrift ihrer Rechnung
vor und die neuen lassen sich bestätigen[5]. Die Einrichtung
des Botendienstes besteht auch hier. Von einer Besoldung ist
keine Rede; immer der Jüngste soll Bote sein. Er (oder
einer der Seinigen) hat ohne Weigern dem Gebote des Ältesten
Folge zu leisten, wenn er verlangt, daß den Mitgliedern die
Veränderung des Stickens bekanntgegeben werden soll. Stirbt
der Bote, so tritt, ebenso wie bei den Weißbäckern, der
vorige Bote sein Amt wieder an[5].

Da das Grobbacken bürgerliche Nahrung war, so war das
Bürgerrecht für die Ausübung des Gewerbes natürlich Bedingung[6]. Den Mitgliedern wurde zur Pflicht gemacht, die

---

[1] 1788, S. 2 u. II, d 1. Relation.
[2] S. 2 u. II, a 2.
[3] Seit 1714 waren es die beiden im Eide sitzenden Kämmerer.
[4] Die Kommission scheint die Morgensprache bei den Ämtern zu
vertreten.
[5] S. 2 u. II. b.
[6] Oelrichs. K. R. v. 1489: „Vorthmer we binnen ock buten
unsser Stadt groff-broet backet, de schal unsser borger wesen." — 1656,
S. 2 u. I, 12 a.

Stadt mit gutem, garen Graubrot zu versorgen[1]. Da nur
Einkaufsgeld[2] und das Einzeichnen in das Grobbäckerbuch
verlangt wurde, so war die Aufnahme leicht zu erreichen.
Weitere Bedingungen scheinen nicht gestellt zu sein. 1759
wenden sich die Grobbäcker an den Senat um Erschwerung
des Eintritts, finden aber kein Gehör[3]. Ob damals die Zunahme so bedeutend war, entzieht sich unserer Kenntnis. Wir
wissen, daß seit den siebziger Jahren des 18. Jahrhunderts
die Zahl allerdings stieg[4]. Von nun an wurde die Bewilligung
in der Regel nur erteilt, wenn es sich um die Fortsetzung
einer bereits bestehenden Bäckerei handelte[5]. Die Konzession
war trotzdem persönlich und haftete offiziell nicht am Hause;
der Senat hatte jederzeit das Recht, eine alte Backstelle eingehen zu lassen, was auch tatsächlich geschah, wenn erwiesener-
maßen der letzte Besitzer sein Auskommen dort nicht ge-
funden hatte[6]. Seit dem Beginn des 19. Jahrhunderts wurde
die Schließung der Sozietät durch die Mitglieder erstrebt, das
Gesuch um Festsetzung einer Höchstzahl jedoch stets abschlägig beschieden[7]. Die französische Regierung setzte 1812
die Zahl gleich der der Weißbäcker auf 43 fest[8]. 1814 ver-
spricht der Senat die genaue Prüfung jedes Gesuches[9]. Noch
1821 werden Erwägungen über die Festsetzung einer bestimmten Zahl gepflogen[7].

Das Vermögen der Sterbekasse stieg unter Schwankungen
in den Jahren 1744—72 von 36 auf 497 Rt., in der Zeit von
1780—1824 von 1707 auf 1983 Rt. Das meiste war verliehen, und zwar sowohl an einzelne Personen als auch an
Korporarationen (Ämter) und Staatsinstitute (Konsumtionskammer)[10].

1824 wurde die Sterbekasse der Grobbäcker aufgelöst
und das Vermögen der 37 Grobbäcker nach drei Klassen, je

---

[1] S. 2 u. II, a 2, 1650, S. 2 u. I, 1. — 1730, S. 2 u. I, 13 b, die Verwendung
von Meng- und Viehfutterkorn wird untersagt.

[2] S. oben Totenlade. Verhältnis im einzelnen unklar.

[3] S. 2 u. II, d 1.

[4] S. 2 u. II, a 3, 1772: 25, 1787: 35.

[5] S. 2 u. II, a 3. Gesuche gewährt, meist Fortsetzung (Zahl, wenn
mehr als eins, in Klammern): 1817, 19, 20, 22, 23, 24 (2), 25, 26 (3), 27 (3),
29, 30, 31, 32, 34, 35 (2), 37 (3), 38 (3), 39 (2), 41 (7), 43 (3), 44 (2), 45,
46 (2), 48 (6), 49, 50 (3), 51 (2), 52, 53, 55, 56 (3), 58 (2), 59, 60. Ablehnung
bei Neubewilligung: 1833, 40, 44, 46, 48 (3). Über die Vorstädte s.
Kap. 6, 1. — 1823 behält sich ein Verkäufer sein Recht an der Totenlade vor.

[6] 1844, S. 2 u. II, l. 1850 will man der sich breitmachenden Speku-
lation bei den Backstellen entgegentreten.

[7] 1805, S. 2 u. II, a 4. Erwägungen ferner 1814 und 21; Anträge
1827 und 33 abgelehnt.

[8] S. 2 u. I, 1.

[9] S. 2 u. II, b.

[10] S. 2 u. II, a 1 und b: 1780 waren 1530, 1824 1850 Rt. verliehen.

nach der Länge der Mitgliedschaft, verteilt. Der Inhalt der Armenbüchse sowie ein nichtverteilter Rest wurde dem Armen-hause überwiesen [1].

Dreizehntes Kapitel.
Die Tätigkeit der Grobbäcker.

Den Grobbäckern lag die Versorgung des weniger be-mittelten Teils der Bevölkerung ob. Außerdem versorgten sie die Schiffer mit Brot [2]. Die Art des hergestellten Pro-duktes brachte es mit sich, daß ihnen von manchen Bürgern Konkurrenz gemacht wurde, besonders von Handwerkern und von Leuten, die Schlafstellen vermieteten [3]. Sie verkauften heimlich verbotenerweise an ihre Hausgenossen Brot, so daß sie den Grobbäckern dadurch manchen Kunden entzogen. Die Art des Erwerbs war zweifach. Einerseits stellten sie Roggen-brot her und verkauften es, andererseits machten sie in ihrem Ofen Teig für die Bäcker gar [4]. In jener Hinsicht unterstanden sie der Backtaxe, in dieser Beziehung den Bestimmungen über den Backlohn. Hier erübrigt es sich, auf den letzten Gegen-stand einzugehen.

Auch in bezug auf den Backlohn ist ein Ansteigen fest-zustellen. Noch 1674 durften die Bäcker nur 1 Gr. zum Garmachen für jedes Brot fordern. Das führte zu der Un-sitte, daß die Bürger möglichst große Brote (bis 35 Pfund) brachten [5]. Zu einer Abstufung des Preises nach dem Ge-wicht kam es erst im 18. Jahrhundert. Der Preis stieg von 1741—97 etwa auf das Doppelte [6]. Hieran war vor allem die Preissteigerung der Feuerung schuld. Das Hund Torf, das man am Anfang des Jahrhunderts für 3 Rt. kaufen konnte, wurde 1767 mit 6—8, 1785 gar mit 10, 12 und mehr Rt. be-zahlt. Das Reep Holz stieg von 1683—97 von 3 auf 10 Rt. Dabei hatte schon das 17. Jahrhundert eine nicht unbedeutende Steigerung gebracht [7].

---

[1] S 2 u. II, b. Sie erhielten 47, 38¹/₂, 30 Rt.

[2] 1763, S. 2 u. II, d 1. Sie klagen, daß die Grönlandfahrt eingestellt ist. 1805, S. 2 u. II, a 4. Sie leiden sehr unter der Blokade. 1827 und 33 führen sie Klage, daß sich die Schiffe in Brake und Vegesack ver-proviantieren (S. 2 u. II, a 4).

[3] S. 2 u II, a 2.

[4] 1740, S. 2 u. 2, m 1. An Festzeiten ließen die Weißbäcker ihre Ge-sellen gegen ein Trinkgeld für die Bürger Semmel garmachen. 1690, S. 2 u. I, 19 a, gehörte das zum Arbeitsgebiet der Grobbäcker.

[5] S. 2 u. II, d 1. Klage darüber auch 1740, S. 2 u. II, m 1.

[6] S. 2 u. II, a 2, d 1 und 2.

1741—61	1, 1¹/₂, 2 Grote f. Brote v. 12, 22—24, 32—34 Pfund
1761	1¹/₂, 2, 3 „ „ „ „ 16, 20, 32 „
1761—63	2, 3, 4 „ „ „ „ 16, 20, 30 „
1663—87	1¹/₂, 2, 3 „
1797—1811 (u. 1844)	2, 3, 4 „ „ „ „ 12—20, 20—30, 30—34 „

[7] S. 2 u. I, 13 a, S. 2 u. II, d 1.

Die Grobbäcker backten nicht jeden Tag; trotzdem mußten sie täglich ihren Ofen heizen, da sie nicht wissen konnten, ob ihnen nicht jemand Teig zum Garmachen schickte. So brachte ihnen, besonders wegen der oben geschilderten Verteuerung des Heizungsmaterials, diese Seite ihrer Tätigkeit oft mehr Schaden als Verdienst. Um sich vor Verlusten zu bewahren verlangten sie, daß ihnen das garzumachende Brot vor 9, dann vor 10 Uhr geschickt werden sollte[1]; später sollte es sogar dem Grobbäcker am Tage vorher mitgeteilt werden, damit er seinen Ofen nicht vergeblich heizte. Die Zahl der Brote sank von Jahrzehnt zu Jahrzehnt; schon allein die größere Ausdehnung der Kartoffelnahrung und das Zurückgehen des Backens im Hause erklärt diese Tatsache genügend. 1760 klagt man, daß man nur 30 Brote täglich zum Garmachen bekäme, da man doch 70 leicht fertigstellen könne. 1764 haben viele nur 10—12 täglich, ein paar noch 30 Brote, 1805 ist man bei 2—3 Broten angelangt[2].

Vorteilhaft war es für die Grobbäcker, wenn fremde Truppen zu verpflegen waren. Man versuchte den Vorteil der ganzen Sozietät zuzuwenden. 1759 verlangt man[3], daß Aufträge, die einer nicht allein bewältigen kann, der Sozietät gegeben werden, die sie dann auf die einzelnen verteilen[4] wollte.

Im ganzen war die Tätigkeit der Grobbäcker kaum sehr einträglich[5]. Auch die Sozietätsgründung erscheint zum Teil im Lichte eines Rettungsversuchs. Sicher ist, daß die Grobbäcker immer mehr Mühe hatten, sich und ihre Familie durchzubringen. Da sie ihr Beruf vielfach nicht nährte, so mußten sie zu Nebenbeschäftigungen greifen. 1772 wird ihnen der Vorwurf gemacht, daß sie Braten, Obstdörren, Kuchenbacken[6], Schweinehüten[7], Branntweinbrennen und Mehlhökerei[8] nebenbei trieben.

---

[1] 1748, 99, S. 2 u. II, a 2.

[2] S. 2 u. II, a 4 und d 1.

[3] 1814, S. 2 u. I, 2 a 1, Die Kehrseite zeigte sich allerdings in der französischen Zeit; die Regierung belegte Backöfen für die Feldbäckerei mit Beschlag.

[4] 1758/59, S. 2 u. II, d 1, vor 1805 S. 2 u. II, a 4. Auch 1816 bei der Rückkehr der Truppen vergeblich gefordert, S. 2 u. II, o.

[5] 1763, S. 2 u. II, d 1. Die Nahrungsverhältnisse sind so schlecht, daß sie z. T. im Armenhause enden.

[6] 1735, S. 2 u. III, 7. Ein Grobbäcker, der Hamburger Kuchen backt, wird vom Kuchenbäckeramt bestraft.

[7] Oelrichs, Kund. Rolle v. 1450, Art. 133. Brauer und Bäcker durften die meisten Schweine halten; es sollten nicht mehr als 10 sein. 1303 (Stat. 146) waren nur 6 erlaubt.

[8] 1722, S. 2 u. II, k. Branntweinbrennen und Hökerei wird ihnen verboten.

Vierter Abschnitt.
Die Kuchenbäcker.

Vierzehntes Kapitel.
Die Kuchenbäcker vor Entstehung ihres Amtes.

Das Amt der Kuchenbäcker ist aus sehr bescheidenen
Anfängen entstanden. Daß es sich an Bedeutung nicht mit
den beiden anderen großen Organisationen der Bäcker messen
konnte, versteht sich schon wegen des geringeren Absatzes
von selbst. Auch taten die Weißbäcker, die eine Schädigung
des Verdienstes befürchteten, das ihrige, um eine größere
Ausdehnung dieses Gewerbes zu hindern. Aus dem Ausgang
des 16. und dem Anfang des 17. Jahrhunderts ist uns manches
Zeugnis darüber erhalten. Das Klabenbacken wurde in
einzelnen Fällen vom Rate erlaubt. 1592 finden wir in Bremen
einen Klabenbäcker, der trotz des lebhaften Einspruchs der
Weißbäcker sein Gewerbe ausüben darf[1]. Ob diese bei Erteilung einer Konzession tatsächlich vom Rate vorher befragt
wurden, scheint mir doch sehr zweifelhaft zu sein. Das Amt
behauptet es zwar 1607. Der Verkauf der Klabenbäcker
wurde dadurch beschränkt, daß man ihnen nicht gestattete,
ihre Ware am Fenster auszulegen, sondern er durfte nur in
seinem Hause verkaufen. Diese Bestimmung sollte natürlich
auch der Einschränkung des Kuchenvertriebs dienen. Die
Bittschriften der Weißbäcker pflegten es auch nicht zu ver-
säumen, recht beweglich über die Ausbreitung des Luxus zu
klagen; man beschuldigte die Kuchenbäcker, daß sie den
Leichtsinn und die Verschwendungssucht der Jugend unterstützten. Gelegentlich scheint das Weißbäckeramt auch die
Aufhebung von Kuchenbäckerprivilegien erreicht zu haben.
1636 fordert es geradezu die Kassierung einer Konzession; es
verweist dabei auf ähnliche Fälle aus den Jahren 1609 und
1631. Eine völlige Unterbindung des Kuchenbäckerhandwerks
war nicht zu erreichen. Es gab wohl immer einige dieses
Zeichens in Bremen. Bei Gründung des Amtes waren vier
Kuchenbäcker vorhanden[2].

Fünfzehntes Kapitel.
Das Amt der Kuchenbäcker.

In der Begründung der Bitte um eine zünftische Organisation steht an erster Stelle die Bemerkung, daß die Kuchen-

---

[1] S. 2 u. I, 7. Die Beschwerde des Weißbäckeramts wird 1593 als
gegenstandslos verworfen. Streitigkeiten auch 1636.
[2] Die ältere Zeit ist schwer zu beurteilen, da die Entscheidung des
Rates oft fehlt, manchmal auch nur die Äußerung einer Partei vorliegt.

bäcker vor allem die Möglichkeit haben möchten, ihre Lehrjungen und Gesellen nach einer geordneten Ausbildung auch
anderswo unterzubringen. Es fehlte den Kuchenbäckern an
Hilfskräften; sie mußten fürchten, so lange mit ihrer Beschaffung Schwierigkeiten zu haben, als sie nicht dafür bürgen
konnten, daß Gesellen und Lehrlingen, die bei ihnen tätig
waren, aus ihrer Beschäftigung anderswo keine Unannehmlichkeiten erwuchsen[1]. Ein anderer Grund scheint mir der zu
sein, daß man nach Errichtung eines Amtes viel besser imstande zu sein hoffte, den Belästigungen durch die Weißbäcker
zu widerstehen[2]. So wurde 1637 das Amt der Kuchenbäcker
gegründet, indem die vorgeschlagenen Artikel vom Rate genehmigt wurden. Es bestand bis 1861; damals verfügte der
Senat auf Antrag der vier Mitglieder die Aufhebung der Zunft
und die Verteilung des Vermögens der Mitglieder.

Auch hier ist die älteste Rolle nicht im Original erhalten,
sondern ihr Inhalt liegt uns nur in einer Abschrift vom
28. März 1684 vor[4]. Im Gegensatz zu der Organisation der
Grobbäcker herrschte der Beitrittszwang. Die Aufsicht führten
zwei (?)[5] vom Rate verordnete Inspektoren und Morgensprachsherren, die für ihre Mühewaltung die Hälfte der Strafgelder bekamen[6]. Für die Leitung des Amtes waren trotz
der geringen Zahl ein Alt- und ein Jungmeister vorhanden.
Letzterer wurde jährlich am Johanni neu gewählt; am gleichen
Termin trat der gewesene Jungmeister an die Stelle des Altmeisters. Beide führten den Schlüssel zur Lade, in die die
Strafgelder gelegt wurden. Außer der Kassenverwaltung
hatten sie auch das Einschreiben neuer Mitglieder in das
Amtsbuch zu kontrollieren. Die Gelder der Amtskasse wurden
zur Unterstützung armer Mitglieder, zur Beerdigung in Armut
verstorbener Kuchenbäcker und zur Beihilfe für arme, kranke
Gesellen nach Beschluß des Amtes verwandt. Die Höhe der
ausgezahlten Gelder sollte sich nach der des Amtsvermögens
richten. Das jüngste Mitglied hatte die Pflicht[7], die Mitglieder auf Anordnung des Altmeisters zusammenzurufen. Zu
den Versammlungen, die vierteljährlich stattfanden, hatte jeder

[1] 1697, S.2 u. III, 6a. Anfrage aus Verden, ob die Kuchenbäcker
zünftig sind.
[2] Die Belästigungen hören nun plötzlich auf. 1696, S.2 u. I, 19a.
Streit, daß die Kuchenbäcker ein Losbrot im Schilde haben. Die Weißbäcker bemerken höhnisch, daß sie sonst keine Gesellen bekämen. Vgl.
auch Kap. 6, 3.
[3] S.2 u. III, 1, 1636. Die Kuchenbäcker klagen über die Konkurrenz
zwei Fremden (Franzosen?). Die Ausschließung Auswärtiger war also
wohl auch ein Grund zur Gründung.
[4] S.2 u. III, 1.
[5] Die Zahl ist nicht überliefert.
[6] S.2 u. III, 1 und 2.
[7] Bei 9 Gr.

pünktlich zu erscheinen[1]. Der Altmeister legte jährlich vor
den Inspektoren und Morgensprachsherren Rechenschaft ab;
er wies zusammen mit dem Jungmeister einer Witwe, die das
Gewerbe ihres verstorbenen Mannes fortführen wollte, einen
tüchtigen Gesellen zu. Dieser mußte einwilligen, wenn er
nicht auf ein Jahr jede Arbeitsgelegenheit bei den Bremer
Kuchenbäckern verlieren wollte[2]. Die Witwe durfte, solange
sie nicht außerhalb des Amtes heiratete, das Gewerbe weiter-
treiben. Im anderen Falle mußte auch der Lehrjunge, den
sie hatte, bei einem anderen Meister untergebracht werden.

Auch die Ausbildung ist genau geregelt. Wer das Kuchen-
bäckerhandwerk erlernen will, muß ehelicher Geburt sein.
Bei seiner Annahme hat der Lehrjunge 1 Rt. in die Lade zu
bezahlen und seinem Meister 10 Rt. Lehrgeld für seine dreijährige Lehrzeit zu entrichten; dieses Geld erhält er zurück,
wenn er noch ein viertes Jahr bei seinem Meister bleibt. Er
darf keine Nacht bei Verlust eines halben Jahres seiner Lehrzeit außer dem Hause seines Meisters zubringen[3]. Nach
seiner Lehrzeit muß er zwei Jahre, wenn er Meisterssohn ist,
ein Jahr wandern, um sich im Kuchenbacken zu ver-
vollkommnen. Hat er nicht die vorgeschriebene Zeit gewandert, so muß er wenigstens zwei Jahre bei einem Bremer
Meister Geselle sein[4]. Von der Wanderzeit konnte man sich
später durch Geld freimachen. 1661 bietet ein Geselle, den
das Amt nicht aufnehmen will, weil er in Holland, wo es
keine Zünfte gibt, gewandert habe, dem Amte 20 Rt; es verlangt aber 50 Rt. Bei dieser Gelegenheit wird erwähnt, daß
das Amt sich einmal 42 Rt. und ein andermal für ein einziges
fehlendes Vierteljahr der Wanderzeit 22 Rt. hat bezahlen
lassen[5]. Der Sinn des Wanderns spielte also keine Rolle
mehr. Es sollte nur noch der Form genügt oder wenigstens
ein finanzieller Vorteil dabei herausgeschlagen werden. 1723
werden die Gesellenjahre auf 8 erhöht[6]. Zusammenkünfte
waren den Gesellen untersagt, es sei denn bei besonderen
Gelegenheiten; auch dann waren sie nur nach Genehmigung
des Altmeisters und in Gegenwart eines Amtsmeisters erlaubt[7].

Will ein Geselle Meister werden, so muß er nachweisen,
daß er den Bürgereid geschworen hat, auch muß er seinen

---

[1] Bei 18 Gr.
[2] Der Meister, der ihn nahm, zahlte 2 Rt. Also ein ähnlich weit-
gehender Schutz der Witwe wie bei den Weißbäckern.
[3] Er kann sich auch mit dem Meister auf eine bestimmte Geldbuße einigen.
[4] S. 2 u. III, 1.
[5] 1661, S. 2 u. III, 3.
[6] 1723, S. 2 u. III, 1. Ausnahme war in wichtigen Fällen statthaft.
[7] 1637, S. 2 u. III, 1.

Geburts- und Lehrbrief sowie sein Wanderzeugnis vorweisen.
Er muß 20 Rt. Meistergeld bezahlen. Heiratet ein fremder
Geselle ins Amt, so hat er nur die Hälfte zu erlegen; denselben Beitrag zahlt der Meisterssohn, der außerhalb des Amts
heiratet. Freit er aber innerhalb seines Amts, so hat er nur
1 Rt. zu bezahlen. Wer eine übelberüchtigte und unehrliche
Person zur Frau nimmt, wird nicht zum Amte zugelassen.
Die Aufnahmebedingungen wurden auch hier mit der Zeit
immer kleinlicher gehandhabt. Gar zu gern hätte man nur
Leute aufgenommen, die ins Amt einheirateten[1]. Doch davon
konnte keine Rede sein. Verschiedentlich erzwang der Senat
die Aufnahme von Mitgliedern, so 1736 und noch 1805[2]. Im
ersten Falle handelte es sich um einen Lutherischen, den
man in dem reformierten Amte nicht dulden wollte; im letzten
dagegen wurde dem Bewerber vorgeworfen, daß er Fast- und
Losbacken gelernt und als Knecht gearbeitet habe! 1743 wird
ein Lutherischer als Freimeister zugelassen, eine Tatsache, die
offenbar dem Amte höchst unangenehm war. Um seine
Konkurrenz unwirksam zu machen, einigte man sich mit ihm
auf bestimmte Preissätze (siehe oben)[3].

Mehr als einen Lehrjungen sollte kein Meister halten[4].
Wer einem anderen einen Gesellen abwendig machte, wurde
bestraft[4], auch durfte ihn der Meister nicht behalten[5]. In
sittlicher Beziehung wurde ein einwandfreies Verhalten gefordert[6]. Fluchen, auch ärgerliches Benehmen in der
Trunkenheit wurde mit Geldbuße in die Lade geahndet, vor-
behaltlich strengerer Bestrafung durch Rat, Kämmerer oder
Gericht[7].

Die Bestimmungen änderten sich im Laufe der Zeit wenig.
Die Entwicklung verläuft der der Weiß- und Grobbäcker entsprechend. Eins aber müssen wir im Gegensatz zu diesen
feststellen: die komplizierte Organisation des Kuchenbäckeramts stand in keinem Verhältnis zu seiner Bedeutung und
seiner zahlenmäßigen Besetzung. Auch hatte die Zunft-
gründung nicht den dauernden Aufschwung im Gefolge, den
man wohl erwartet hatte[8]. Sie führte ebensowenig wie bei

---

[1] 1767, S. 2 u. III, 1.

[2] S. 2 u. III, 2.

[3] 1743, S. 2 u. III, 2. Er ist der Bruder zweier Amtsmeister. Weil
er, bevor er Meister ist, geheiratet hat, wird er „Weiberkerl" gescholten.
1632, S. 2 u. I, 2 a 1. Ebenso schlossen die Weißbäcker vor 1632 mit einem
Freimeister einen Vertrag.

[4] Bei 2 Rt.

[5] 1637, S. 2 u. III, 1.

[6] 1713, S. 2 u. III, 6 b. Das Amt bittet um strenge Bestrafung eines
Mitgliedes wegen Unzucht und schlechten Backens.

[7] S. 2 u. III, 1.

[8] Mißstände schon in der ersten Zeit des Bestehens der Kuchen-
bäckerzunft zeigen, wie wenig man noch auf die Güte des Produkts,

den Grobbäckern zu einem besonderen Erfolge, vielmehr half
sie auch hier Engherzigkeit und Beschränktheit, Eigensinn
und Selbstsucht großzüchten.

———————

in dem die alte Zunft ihre Ehre sah, gab. 1640 (S. 2 u. III, 6 b) wird das
Versehen der Kuchen mit goldenen Bildern als gesundheitsschädlich
verboten. — 1657 (S. 2 u. III, 7) wirft ein Amtsmeister dem anderen vor,
er verwende zur Herstellung seiner holländischen Kuchen Pottasche.

Printed by Libri Plureos GmbH
in Hamburg, Germany